Ich nehme zu dir meine Zuflucht

Ingrid Weber-Gast

ICH NEHME ZU DIR MEINE ZUFLUCHT

Biblische Meditationen

Matthias-Grünewald-Verlag

CIP-Kurztitelaufnahme der Deutschen Bibliothek
Weber-Gast, Ingrid:
Ich nehme zu dir meine Zuflucht : Bibl. Meditationen / Ingrid Weber-Gast. – Mainz : Matthias-Grünewald-Verlag, 1983
ISBN 3-7867-1037-6

Umschlag: Ernst Barlach, »Die Tänzerin«, 1931 Holz, Ernst Barlach Werkverzeichnis I Nr. 370, Standort Ernst Barlach Haus Hamburg, Stiftung Hermann F. Reemtsma

Satz: Studio für Fotosatz, Ingelheim
Druck und Bindung: Georg Wagner, Nördlingen

Für Catharina Halkes und Frans Haarsma
in Dankbarkeit

Inhalt

Aus der Tiefe rufe ich, Herr, zu dir (Ps 130)

*Öffne mir die Augen für das Wunderbare
an deiner Weisung (Ps 119)*

Aus der Tiefe rufe ich, Herr, zu dir (Ps 130)

Christi Kraft in den Schwachen

Damit ich mich bei meinen einzigartigen Offenbarungen nicht überhebe, wurde mir ein Dorn ins Fleisch getrieben; es ist ein Satansbote, der mich mit Fäusten schlagen soll, damit ich mich nicht überhebe. Dreimal habe ich den Herrn gebeten, daß dieser Satansbote von mir lasse. Der Herr antwortete mir: Es genügt dir meine Gnade; denn sie erweist ihre Kraft in den Schwachen. Viel lieber also will ich stolz sein auf alles, was schwach ist an mir, damit sich die Kraft Christi auf mich niederläßt. Deswegen habe ich meine Freude an jeder Schwachheit, an Mißhandlungen und Nöten, an Verfolgungen und Ängsten, die ich für Christus ertrage. Denn wenn ich schwach bin, bin ich stark. (2 Kor 12,7–10)

Wer von uns könnte diese Sätze des Paulus für sich selber nachsagen, wer unter uns möchte sie überhaupt nachsagen? Wo steht einer auf und bekennt: Ja, so ist es richtig, so sollte der Weg von uns Christen aussehen, und wenn wir ihn auch nicht fehlerlos und unbeirrt gehen, so wissen wir uns ihm doch verpflichtet. Mühen wir uns getreulich auf dieser Spur? Wo wäre die Kirche, die von sich sagte: Wenn ich schwach bin, dann bin ich stark? Da müßte jeder einzelne, da müßten auch erst einmal die Kirchen ganz umkehren, da müßten die Wertmaßstäbe, die allgemein unter uns Geltung haben, allesamt zerbrochen und ersetzt werden durch ganz andere, ehe ein solches Pauluswort unter uns sein Echo finden könnte.

Aber Paulus hat sich diese Schwachheit auch nicht selber ausgesucht. Dreimal, so schreibt er, hat er den Herrn gebeten, daß dieser

Satansengel von ihm ablassen möge. Dreimal hat er auch erleben müssen, daß der Herr ihm die Erfüllung dieser Bitte rundweg abgeschlagen hat. „Bittet, und es wird euch gegeben, klopft an, und es wird euch aufgetan" – so hat Jesus seine Jünger einst gelehrt. Aber was Paulus hier erbittet, will ihm der Herr offensichtlich nicht geben. Dabei: Wieviel hätte dieser tatengewaltige Heidenmissionar wirken können für die Botschaft des Evangeliums, wäre dieser Satansengel wirklich von ihm genommen worden! Paulus schreibt zwar niemals genau, worum es sich dabei handelte, aber so viel geht aus seinen Zeilen doch hervor: Es muß eine immer wiederkehrende Krankheit gewesen sein, die ihm jedesmal aufs neue seine Pläne durcheinander gebracht hat, und die auch seiner Evangeliumsbotschaft Abbruch tat. Eine Krankheit, die ihn verächtlich erscheinen ließ, gemieden, vielleicht eine Krankheit, die angesichts der Verkündigung des Paulus eine Reaktion hervorrief wie: Arzt, heile dich selbst! Wie soll einer auch weitersagen: „Blinde sehen, Lahme gehen, Aussätzige werden rein, Taube hören, Tote stehen auf", der selber mit all diesen Makeln behaftet ist und bleibt? Wie soll ein Schwermütiger die *Frohe* Botschaft verkünden?

Und dennoch nimmt der Herr diesen Makel nicht fort von seinem Apostel. Lieber soll das Evangelium eben etwas langsamer ausgebreitet werden, als daß Paulus nicht mehr so schwach und anstoßerregend ist. Was kann denn eigentlich an der Schwachheit dieses Menschen so wichtig sein? „Der Herr antwortete mir: Es genügt dir meine Gnade, denn sie erweist ihre Kraft in den Schwachen." Es genügt dir meine Gnade – und darum willigt Paulus schließlich auch ein in diesen Satansboten, damit in seinem Leben Raum bleibt für die Gnade, damit sich die Kraft Christi in seinem Leben erweisen kann. Wäre Paulus selber stark, könnte man schlußfolgern, dann bräuchte er nicht so viel von der Kraft Christi, dann könnte er vieles aus sich selber – und das wäre verhängnisvoll!

Gerade weil Paulus Paulus ist, auf den die Christen damals wie heute schauen, muß an ihm deutlich werden, daß nicht menschliche Kraft ihn sein gewaltiges Missionswerk vollbringen läßt, sondern Gottes Gnade. Darum muß deutlich sein, daß er nicht Erfolg hat aufgrund seiner rhetorischen Begabung, aufgrund seiner theologischen Formulierungskraft, nicht aufgrund seiner anziehenden Persönlichkeit und schließlich auch nicht aufgrund seiner überschäumenden Gesundheit und Vitalität. All das hätte er in den Dienst seiner Sendung stellen können – aber dem Herrn war es anscheinend lieber, daß Paulus in all dem durchschnittlich oder gar unterdurchschnittlich ausgestattet blieb, damit deutlich ist, daß nicht Paulus das Evangelium bis an die Grenzen der Erde bringt, sondern der Herr selber. So wie es als Leitwort Zwinglis am Zürcher Großmünster steht: „Der Herr beschirmt sein Kirchen!" – Er, und niemand sonst.

Aber wenn das alles wahr sein soll, dann müßte sich doch in unserer Einschätzung des Lebens etwas ändern, und auch im Leben der Kirchen. Denn es ist doch bei uns so selbstverständlich, daß die Starken, die Eifrigen, die Nimmermüden das Bild beherrschen. Es ist doch so selbstverständlich, daß der am meisten gilt, der immer da ist, wenn man ihn braucht, der sich unermüdlich einsetzt. Und die anderen, die zwar nicht von einem Satansboten reden, der sie mit Fäusten schlägt, die aber ihrer Schwachheit ausgeliefert sind? Wie werden all jene eingeschätzt, deren Gesundheit es ihnen nie erlauben würde, bei einer Haussammlung treppauf und treppab zu laufen? Die am Abend viel zu erschöpft sind vom Tage, als daß sie noch zu irgendeiner Versammlung kommen könnten? Die wieder einmal damit beschäftigt sind, den Herrn zu bitten, er möge das Leid ein wenig mildern, und die darum kein mitreißendes Glaubenszeugnis ablegen können? Ich meine, daß unter uns nicht nur irgendetwas, sondern daß Entscheidendes fehlt, solange die Stimme all dieser Menschen nicht gehört wird.

Freilich, solche Stimmen bieten sich nicht an, man muß sie suchen. Wer mit seiner Schwachheit hausieren geht und nicht wie Paulus nur notgedrungen am Rande einmal davon spricht, ist nämlich nicht gemeint. Die Stimme der Schwachen muß man suchen; und weil sie meist so leise ist, müssen all die lautstarken Reden erst einmal eingestellt werden. All die weisen Worte und die großen Taten müssen erst einmal beiseite, all das, was groß angeschrieben steht in unserer alltäglichen Welt. Sonst traut sich niemand, der bisher stumm war, seinen Mund aufzutun. Denn er kann nicht mit

Eindruckerweckendem aufwarten. Und anders als Paulus wird er auch nicht sagen, daß um all seiner einzigartigen Offenbarungen willen ihm ein Dorn ins Fleisch getrieben wurde. Vielmehr wird er nur sagen, wie zermürbend es ist, nicht mehr tun zu können, wie zermürbend es ist, nicht handfester glauben zu können.

Vielleicht sollten auch unter den Pfarrern genügend sein, die diesen Dorn im Fleisch aus eigener Erfahrung kennen. Sie sollten eine Chance bekommen von „denen da oben", den Kirchenleitungen, und „denen da unten", den Gemeindegliedern. Sie sollten nicht nur gemessen werden an der Unermüdlichkeit ihres Einsatzes, und darum schnell einmal als zu leicht befunden werden, sondern sollten Hochachtung erfahren dafür, daß sie es an sich selber erleben: Es genügt dir meine Gnade, denn sie erweist ihre Kraft in den Schwachen. Ich denke, daß Gemeinden auf eine solche Weise auch etwas menschlicher werden könnten.

Und darum sollten all die Angefochtenen und Müden in den Kirchen auch das Wort hören, das sie tröstet und ermutigt und ihnen weiterhilft. Eine Kirche, die nur die Starken aufruft, sich noch stärker einzusetzen, die nur die Glaubensfrohen aufruft, die Frohbotschaft noch begeisterter weiterzusagen, würde einem entscheidenden Auftrag des Herrn nicht gerecht: zu verkünden, daß Gottes Kraft in den Schwachen mächtig ist. Und daß letztlich nur da einer stark ist, wo er schwach geworden ist.

Wäre der Herr nicht für uns gewesen

Wäre der Herr nicht für uns gewesen – so spreche nun Israel –
als die Menschen gegen uns aufstanden,
dann hätten sie uns lebendig verschlungen,
da ihr Zorn gegen uns entbrannt war.
Dann hätten die Wasser uns überflutet, ein Wildbach wäre über uns hingegangen,
über uns hinweggegangen wären die tobenden Wasser.
Gelobt sei der Herr, der uns nicht preisgab ihren Zähnen zum Raub.
Unsere Seele ist wie ein Vöglein der Schlinge des Jäger entkommen,
die Schlinge ist zerrissen, und wir sind frei.
Unsere Hilfe kommt vom Herrn,
der Himmel und Erde gemacht hat. (Ps 124)

„Wäre der Herr nicht für uns gewesen – so spreche nun Israel. . .“ – so lesen wir im 124. Psalm, mit diesen Worten schaut das Volk Israel zurück auf die Vergangenheit, versucht, ein Resumée zu ziehen. Noch einmal wird die Geschichte des Volkes im Gedächtnis lebendig; noch einmal spürt man alle Not und Bedrängnis, denen standzuhalten war, noch einmal den Ansturm der mächtigen Gegner, noch einmal fühlt man die Angst, die Verzweiflung von damals. Und lebendig wird auch noch einmal das große Aufatmen, als am Ende dann doch alles gut ausgegangen war: „Unsere Seele ist wie ein Vöglein der Schlinge des Jägers entkommen. Die Schlinge ist zerrissen, und wir sind frei. Unsere Hilfe kommt vom Herrn, der Himmel und Erde gemacht hat.“ Da kommt noch einmal zur Sprache, wie es war, als plötzlich die Schlinge zerriß, die Angst verging, die Freiheit wiedergewonnen war, das große Aufatmen beginnen konnte. Und das Danklied angestimmt werden konnte auf den Herrn, der sein Volk aus dem Netz befreite und Gefangenschaft beendete.

Es ist wohl etwas Urmenschliches, dieses Zurückblicken, und so wie es in diesem Psalm ein ganzes Volk tut, so mag es auch immer wieder ein einzelner tun: noch einmal den Gang des Lebens bedenken. Noch einmal alle Ängste fühlen, alle Hoffnungslosigkeit, und auch noch einmal das große Aufatmen spüren, als die Schlinge zerriß und die Freiheit wiedergewonnen war. Es tut immer wieder einmal gut, zurückzublicken, den roten Faden zu suchen, der in unser Leben hineinverwoben ist, und vielleicht irgendwann auch einmal ein Resumée zu ziehen.

Im Neuen Testament, in der lukanischen Kindheitsgeschichte, lesen wir, wie der greise Simeon etwas Ähnliches tut. Er blickt zurück auf sein langes Leben, in dem das Warten auf den Messias die entscheidende Rolle gespielt hat, und als er das kleine Kind im Tempel erblickt, kann er den Schlußstrich unter sein Leben ziehen. Das Warten und Sich-Sehnen hat sich gelohnt, es ist in Erfüllung gegangen, worauf er ein Leben lang gehofft hat: „Nun lässest du, Herr, deinen Knecht in Frieden scheiden nach deinem Wort, denn meine Augen haben das Heil geschaut, das du bereitet hast vor aller Völker Angesicht." Mit diesen Worten sagt Simeon auch, daß er einverstanden ist mit dem Ende, das nun in Sicht kommt. Er läßt sich willig das Leben aus der Hand nehmen: Es hat sich gelohnt, denn das, woraufhin er lebte, ist erreicht; so kann er in Frieden sterben.

Aber es wäre wohl eine große Illusion zu meinen, es könne je für uns Menschen ein Leben geben, in dem sich einer sein Ziel gesetzt hat und ihm nun gradlinig Jahr für Jahr entgegengeht. Unter uns Menschen gibt es das wohl kaum, daß einer sein Ziel nie aus den Augen verliert, es nie für sich selber in Frage stellt, nie von anderen zu Umwegen gezwungen wird, keine Rückschläge erlebt und keine eigenen Torheiten, die ihn in die Irre schicken. Ein solches Leben wäre wohl mehr geträumt als wirklich. Wer ehrlich zurückblickt, der weiß, wie verschlungen die Wege von uns Menschen sind. Und der weiß auch, wie schwer es ist, der Resignation zu entkommen. Und so mag es sein, daß manch einer sich am Ende wiedererkennt in dem alten Gaul, der Gott um nichts weiter mehr als um einen sanften Tod bittet, wenn es so weit ist.

„Schau, Herr,
mein Fell geht dahin in Fetzen,
wie ein verschlissener alter Lappen!
Ich habe alles gegeben,

was ich an Freude hatte,
und alles, was ich an Kraft hatte,
in harter Mühe.
Ich habe nichts für mich behalten.
Und jetzt
schwankt mein alter Kopf
über der Einsamkeit meines Herzens.
Mein Gott,
ich halte mich vor dir,
ganz steif auf meinen schweren Beinen:
Ich bin dein unnützer Knecht.
Ach, gib mir am Ende
in deiner Güte
einen sanften Tod. Amen"
Gebet des alten Gaules, aus: „Gebete aus der Arche"[1]

Da hat einer die Begeisterungskraft seiner Jugend voll ins Spiel gebracht, den Schwung, den man braucht, um über Hürden zu springen, hat seine innere Freude nicht für sich reserviert, sondern sie ausstrahlen lassen auf andere, die in der Kälte standen. Da ist einer, dem nichts zuviel gewesen ist, der sich abgeplagt hat, gern sogar, der den Sinn seines Lebens darin gesehen hat, alle Kräfte dafür einzusetzen, daß unsere Welt sich zum Guten weiterentwikkelt. Und die anderen haben ihn gern als Zugpferd benutzt, sich in seinen Schlepp gehängt. Aber als er eines Tages müde wurde, als die Kräfte ihn verließen, da haben sie ihn in die Ecke gestellt; als er älter wurde und nicht mehr über Hürden springen konnte, da haben sie ihn zum Ackergaul gemacht, der Tag für den Tag den Pflug über die immer gleichen Furchen ziehen soll. Wie ihm dabei wohl zumute sein könnte – auf diese Frage ist kein einziger gekommen. Und irgendwann einmal ist dann das Leben zerschlissen wie ein altes Kleid, ist von der Zukunft nicht mehr viel zu erwarten. Im Rückblick wird deutlich, daß das Ziel schon lohnend war, für das er sich aufgerieben hat, aber daß er keinen Erfolg und schon gar

[1] Carmen Bernos de Gasztold, Gebete aus der Arche. Matthias-Grünewald-Verlag, 12. Aufl. Mainz 1979.

keinen Dank ernten wird, denn er ist gescheitert an einer Mauer von Gleichgültigkeit und Widerstand.
Ich meine, es ist wichtig, auch solchen Gedanken immer wieder einmal nachzuhängen, sie nicht zu verdrängen, wenn sie unser eigenes Leben betreffen, und sie nicht zu verscheuchen, wenn wir in unserem Gewissen spüren: Wir sind mitschuldig, daß das Leben eines anderen in solche Bahnen gelenkt wurde. Mitschuldig werden, daß ein anderer kleingekriegt wurde – das ist sicher keine Kleinigkeit. Und solches am eigenen Leibe mitzumachen, das ist sicher nicht an einem Tag bewältigt. Dann wenigstens noch hoffen zu können auf einen sanften Tod, noch hoffen zu können auf einen Gott, der die Betrübten trösten, jede Träne abwischen will, der die verzagten Herzen wieder aufrichtet, das ist schon viel. Wem es so ergangen ist wie dem alten Gaul, der alles gegeben hat, was in ihm war an Kraft und an Freude, und dessen Fell nun dahingeht wie ein verschlissener alter Lappen, der mag darauf vertrauen, daß seine Bitte um einen sanften Tod und um ein gnädiges Erwachen in Gottes guten Armen nicht ungehört verhallen wird.
„Wäre der Herr nicht für uns gewesen – so spreche nun Israel – wäre der Herr nicht für uns gewesen, als die Menschen gegen uns aufstanden“ – ja, wäre Gott nicht für uns gewesen, das Leben wäre wohl für manch einen wirklich zu schwer geworden. Aber immer wieder machen auch Menschen die Erfahrung, daß Gott selbst noch aus der Schlinge des Jägers unser Leben zu befreien weiß. Das ist wahrhaftig kein Patentrezept gegen das Scheitern, aber es mag in Menschen Kräfte der Hoffnung freilegen, wenn er glauben kann, nicht allein zu sein. Und wessen Herzen zu müde ist für ein Echo der Hoffnung, für den mag es noch viel sein, wenn es ihm wenigstens gelingt zu sagen: „Ach, gib mir am Ende in deiner Güte einen sanften Tod. Amen.“

Und führen, wohin du nicht willst

Damals sagte Jesus zu Petrus: „Ich versichere dir: Als du jung warst, hast du dich selbst gegürtet, und bist gegangen, wohin du wolltest. Aber wenn du einmal alt geworden sein wirst, wirst du deine Hände ausstrecken und ein anderer wird dir den Gürtel umlegen und dich führen, wohin du nicht willst." Mit diesen Worten deutete Jesus an, mit was für einem Tod Petrus einst Gott ehren würde. Dann sagte Jesus zu ihm: „Folge mir nach!" (Joh 21,18–19)

„Dich führen, wohin du nicht willst" – wieviel Menschen müssen das in ihrem Leben erfahren! Sie merken mit einem Mal, daß der Lauf der Dinge eine Wendung nimmt, die sie nie und nimmer wollen, und sie können sich doch nicht dagegen wehren. Sie spüren, daß ihnen keine Wahl bleibt, oder nur eine Wahl zwischen Möglichkeiten, die samt und sonders unerträglich sind. Oder sie erleben, daß ihnen ein Schicksal auferlegt wurde, das nur ein Vermessener hätte sich wünschen können, um seine eigne Größe und Überlegenheit zu demonstrieren. – „Führen, wohin du nicht willst": Menschen, deren Lebenshoffnung schon im Keim erstickt wurde durch eigne Krankheit oder die Krankheit eines Menschen, der ihnen anvertraut ist. Menschen, die ihre Begabungen niemals entfalten dürfen und die gefesselt sind an einen Beruf, den sie nicht lieben können, oder an einen Lebensstil, den sie verabscheuen. Die im Laufe ihres Lebens – durch wessen Schuld auch immer – hineingeraten in Zwänge, die man nicht abschütteln kann, Menschen, die das Leben vor vollendete Tatsachen gestellt hat, die nie um ihre Zustimmung gefragt worden sind.

Was soll einer tun, der allmählich oder auch ganz plötzlich begreift, daß er geführt wurde, wohin er nicht wollte? Er kann sich wehren gegen sein Schicksal, mit Händen und Füßen um sich schlagen, es wird ihm nichts nützen – die Fesseln sind stärker. Oder er kann versuchen sich einzureden, daß er ja im Grunde einverstanden sei, aber sein Herz wird es ihm nicht glauben, der heruntergewürgte ohnmächtige Zorn wird ihn nie zur Ruhe kommen lassen. Er kann versuchen, aus seiner Lage noch das Beste zu

machen, sich aus den Trümmern seines Lebens noch ein bescheidenes Glück zurechtzuzimmern – aber ob das wirklich befriedigt? „Führen, wohin du nicht willst" – vielleicht ist es besser, dem offen ins Auge zu sehen, alle Ausflüchte beiseite zu lassen. Auch das Evangelium verrät uns nicht, wie ein Mensch das bewältigen kann; für den Glaubenden gibt es kein Zauberwort, das aus dem Unerträglichen das doch noch Erträgliche machte. Und der Evangelist Johannes fügt seiner Prophezeiung nur hinzu: Damit sollte angedeutet werden, daß Petrus einmal für seinen Meister würde in den Tod gehen müssen. Aber wie Petrus das bewältigt hat – darüber schweigt der Text. Er sagt auch nicht etwa, daß Petrus sich auf sein Martyrium gefreut habe – so wie spätere Zeiten manchmal die Heiligen dargestellt haben und den Christen einzureden versuchten, damit erst sei die eigentliche Größe des Glaubens erreicht.
Nein, nichts und niemand nimmt von uns die Last, daß über jeden einzelnen von uns ein solches Schicksal hereinbrechen könnte, und daß einer dann seinen ganz persönlichen Weg durch diesen Wirrwarr hindurch suchen muß, einen Weg irgendwo zwischen Widerstand und Ergebung. Unser Glaube führt uns nicht in eine heile Welt; „Gott geht nicht nach Utopia", sagt der Dichter Stefan Andres einmal, „aber auf diese tränenfeuchte Erde kommt er, immer wieder." Wer glaubt, lebt nicht in Utopia, wo es kein Leid, keine Tränen, keine Angst mehr gibt. Aber wer glaubt, spürt vielleicht mitten im Wirrwarr dieser unheilen Welt Gott an seiner Seite. Er erfährt, daß Gott gerade da ist, wo geweint wird, gerade da geht Er mit den Weg, Er begleitet, wohin auch immer einer sich wendet. Gott wird zum Weggefährten gerade dann, wenn einer geführt wird, wohin er nicht will. Daran mag man sich festhalten und hoffen, daß etwas davon erfahrbar wird, sollte je solch ein Schicksal über uns hereinbrechen.
Dann mag es geschehen, daß einer gerade in der Bedrängnis die Nähe Jesu erfährt, der doch selbst im Garten Gethsemane vor Angst Blut geschwitzt hat. Dann mag es geschehen, daß einer wider alle Hoffnung zu hoffen beginnt, daß am Ende jeder Nacht die Morgenröte steht, daß kein Leben im Karfreitag endet, sondern daß auch stets uns ein Ostern verheißen ist, jedem einzelnen von uns.

Zu einem solchen Glauben kann niemand sich einfach entschließen, niemand kann ihn einem anderen einreden – ein solcher Glaube liegt in niemandes Hand. Schließlich ist der Karfreitag die uns zugewandte Seite jenes Ganzen, dessen andere Seite Ostern heißt. Aber diese andere Seite bleibt unseren Blicken verborgen, solange wir leben. Die Auferstehung, auf die einer zu hoffen beginnt, liegt auf einer anderen Ebene als der Karfreitag, liegt jenseits unseres Horizontes.
Aber dennoch kann es geschehen, daß einer, der sein Schicksal anzunehmen versucht, irgendwann einmal die Hand spürt, die ihn hält, irgendwann es erlebt, daß er keinem Willkürgott, keinem blinden Schicksal ausgeliefert ist, das mit dem Leid von uns Menschen spielt. Damit fällt die Angst und das Dunkel nicht ab, aber es tritt einer an unsere Seite, dem Dunkel und Angst nicht fremd sind, an dessen Güte man auch in Trübsal und Todesangst glauben kann.
Am Ende eines solchen Weges mag einer dann vielleicht beten wie einst Teresa von Avila:

„Dein bin ich, geboren zu dir.
Wie verfügst du zu tun mit mir?
Gib mir Trost oder Trübsal,
gibt mir Frohlocken oder Trauer,
Zuflucht oder Todesangst.
Da ich mich dir ganz hingab:
Wie verfügst du über mich?"

Wie Seufzer verhallen die Jahre

Ja, unsere Tage eilen dahin, wie Seufzer verhallen die Jahre.
Unser Leben währet siebzig Jahre, wenn es hoch kommt, achtzig.
Aber was sein Stolz war, ist auch Mühe gewesen und Elend, denn es fähret schnell dahin, als flögen wir davon.
Darum lehre uns, Herr, unsere Tage zu bedenken,
auf daß wir weise werden. (aus Ps 90)

Es scheint, daß Rätselhaftigkeit und Leid, daß Krankheit und Tod zum menschlichen Leben einfach hinzugehören. Niemand kann all dem entkommen, irgendwie muß jeder damit fertig werden. Auf die Dauer kann auch niemand darüber hinweggehen mit einem einfachen: „Das ist doch nicht so schlimm!" oder: „Das wird schon wieder werden!" Denn es gibt Dinge, die eben doch schlimm sind, und es gibt auch vieles, das nicht mehr wird, auch wenn man sich und anderen das Gegenteil einzureden versucht. Es gibt Schweres im Leben, das wir einfach aushalten müssen. Viele haben in diesem Aushalten gelernt, still zu werden, haben die Nähe eines tröstenden Gottes erfahren. Jener Mensch aus längst vergangenen Zeiten, der den 90. Psalm schrieb, hat zu ihnen gehört. Er hat erfahren, wie mühsam das Leben ist, da macht ihm keiner etwas vor; aber er hat zugleich erfahren, wie gut es ist, um ein weises Herz zu bitten, um den hinter allem – wenn auch oft unfaßbaren – verborgenen Sinn zu entdecken.
Aber dieses stille Aushalten des Leides ist nicht die einzige Weise, angesichts des Elends der Welt sich auf Gott einzulassen. Manch einer sieht sich überwältigt vom Schmerz so vieler unschuldiger Menschen, daß in ihm nichts anderes als der Wunsch wach wird zu helfen, wie auch immer er nur kann. Manch einem verschlägt das Leid, das er mit ansehen muß, so sehr die Sprache, daß er gar keine Antwort mehr sucht auf die Frage, was für ein Sinn dahinter stekken könnte, sondern daß er mit allen Kräften zu lindern, zu trösten und zu heilen versucht.
Der Gründer der großen Heil- und Pflegeanstalt Bethel, die heute noch zahllose sogenannte „hoffnungslose Fälle" beherbergt,

Friedrich von Bodelschwingh, sagte einmal: „Damals, als unsere vier Kinder gestorben waren, merkte ich erst, wie hart Gott gegen Menschen sein kann, und darüber bin ich barmherzig geworden gegen andere.“ Da spricht ein Vater, dem eine Seuche alle seine Kinder hinweggerafft hat, da spricht ein Pfarrer, der der Frage nach Gott nicht ausweichen kann. Es ist ein unter Christen erstaunliches Wort, das da gesprochen wird: Da versucht einer, nicht nur die „guten“ Eigenschaften Gottes im eigenen Leben widerzuspiegeln, seine Liebe und Treue und Barmherzigkeit, sondern da versucht einer auch, Wunden zu heilen, die Gott schlägt, den Trost zu gewähren, den Er versagt. Wer es gewohnt ist, alles aus Gottes Hand zu nehmen, das Leid ebenso wie die Freude, wird wohl auch nicht anders denken können. Selbst wenn Gott nicht barmherzig mit uns umgeht, selbst wenn Er Trost versagt, wir Menschen müssen auf jeden Fall untereinander barmherzig sein, einer für den anderen. Wir Menschen dürfen nicht mit irgendwelchen frommen oder auch unfrommen Erwägungen den anderen allein lassen, und noch viel weniger dürfen wir irgendein Leid anrichten. Unsere Aufgabe ist es, barmherzig zu sein.
Doch mag es nicht auch so sein, daß gerade da, wo Menschen sich einander menschlich zuwenden und zu heilen versuchen, wenn sie einander helfen, Leid und Tod tragbar zu machen, daß gerade da etwas von Gott zu spüren ist? So wie es wohl auch Pfarrer Bodelschwingh erlebt hat, der in seiner Zuwendung zu Leidenden auch einen Zugang zu Gott in all seinem Leid sich bewahrt hat. Denn es kann doch wohl nicht so sein, daß Gott das Leid wirklich will. Wie sollte Er das Leid wollen, wenn es doch auch uns Menschen fast das Herz zerreißt, sehen wir unser Kind leiden? Sollte Gott nicht einmal so menschlich sein wie wir Menschen? Das wäre schwer zu glauben. So wie auch die Evangelien nicht aufhören zu erzählen, daß Jesus am Leid der Kranken nicht vorübergehen konnte. Er heilte alle, die ihn darum baten, er konnte ihre Bitten nicht abweisen. Er hat sie nie ermahnt, ihre Krankheit geduldig zu ertragen, sondern geheilt, wo er nur konnte. Er heilte alle, die ihn darum baten, er konnte ihre Bitten nicht abweisen. Er hat sie nie ermahnt, ihre Krankheit geduldig zu ertragen, sondern geheilt, wo er nur konnte. Nun, da er nicht mehr leibhaftig unter uns weilt wie einst

in Israel, da glaube ich, daß er doch seine Hand im Spiel hat, wo Menschen sich einander heilend zuwenden, sei es nun tölpelhaft oder auch sehr erfolgreich: Er hat seine Hand im Spiel überall da, wo unheilbar Kranke nicht im Stich gelassen werden, wo alte und hilflose Menschen noch etwas gelten, wo Raum ist für die Schwachen, die niemals voll leistungsfähig sein werden und die – alleingelassen – immer wieder in ihr altes Elend zurückfallen. Manchmal scheint mir seine Gegenwart fast zum Greifen nahe, wo die Ausweglosigkeit einer Krankheit doch noch einmal überwunden wird, wo ein Schwacher doch noch die Gelegenheit bekommt zu beweisen, daß er etwas bedeuten kann für andere. Da, wo das geschieht, scheint mir Gott seine Hände so sehr im Spiel zu haben, daß seine und unsere Hände kaum noch zu unterscheiden sind.
Freilich, diesen heilenden Möglichkeiten von uns Menschen sind Grenzen gesetzt; immer wieder scheitern wir. Es gibt Ausweglosigkeiten, vor denen wir hilflos sind, und immer wieder sterben Menschen, bevor wir ihnen ein Leben ermöglichen konnten, das diesen Namen wirklich verdient. Manchmal, im Erfahren von Leid und Ohnmacht drängt sich das alles so sehr auf, daß ein Mensch fast nichts anderes mehr denken kann. Aber vielleicht müßten wir uns in solchen Lagen immer wieder auch von anderen daran erinnern lassen, daß wir nicht gegenüber *jedem* Leid hilflos sind, daß wir doch so viele Möglichkeiten des Helfens und Heilens haben, die nur darauf warten, ausgeschöpft zu werden. Wenn wir über unsere Grenzen verzweifeln, wenn wir die Hände resignierend in den Schoß legen, machen wir es Gott schwer, uns zu helfen. Denn es mag wohl so sein, daß Gott „auf Erden keine anderen Hände hat als die unsrigen". Wenn wir ihm unsere Hände leihen, erfahren wir Seine Nähe. Wenn wir uns anderen zuwenden, machen wir für andere Gott erfahrbar und tragen dazu bei, daß das Leid uns Menschen nicht einfach überrollt und für immer zum Schweigen bringt.
Vielleicht ist es das auch, was der Psalmist im Sinn hatte, als er darum bat: „Lehre uns, Herr, unsere Tage zu bedenken, auf daß wir weise werden." Weise werden, das könnte sein, Gott in den Widersprüchen des Lebens zu entdecken und seine helfende Nähe gegenwärtig zu machen, damit das Leben lebenswert bleibt. Gott

hat es wohl so gewollt, daß wir Menschen Ihn – einer für den anderen – in unserer Mitte gegenwärtig halten, und daß dies unser wichtigster Auftrag ist, vorrangig vor allen anderen. Denn Gottes Gerechtigkeit und Güte, seine Liebe und sein Friede, die Zeichen seiner Gegenwart fallen nicht irgendwie, wie reife Früchte, vom Himmel, sondern werden von uns mitgestaltet; wir müssen sie unter uns wachsen und gedeihen lassen. Die Hilfe, mit der wir uns einander zuwenden, die Hoffnung, die wir in unserer Mitte wachhalten, damit das Leben menschlich bleibt: Das sind vielleicht die überzeugendsten Zeichen seiner Gegenwart.
Dann wird auch in Erfüllung gehen, worum der Psalmist einst gebeten hatte:

Erfülle uns schon am Morgen mit deiner Gnade, damit wir uns freuen ein Leben lang.
Erfreue uns so viele Tage, wie du uns beugtest,
so viele Jahre, wie wir Unglück litten.
Laß deine Knechte dein Wirken erkennen und zeige unseren Kindern deine heilige Macht.
Die Gnade des Herrn, unseres Gottes, sei über uns,
Und fördere das Werk unserer Hände –
ja, fördere es, das Werk unserer Hände! (Ps 90,14–17)

Fröhlich mit den Fröhlichen und traurig mit den Traurigen

Jedes Jahr bricht es rund um die Welt an vielen Orten wie ein Vulkan aus: jenes Fest, das sich je nach Gegend Karneval, Fasching, Fasnacht, Fasnet oder wie auch immer nennt. Es ist ein Fest voll Ausgelassenheit, in dem auch uralte Volksbräuche ans Licht kommen, Bräuche aus Zeiten, die sonst schon längst vergessen sind und wenig Spuren hinterlassen haben. Manch einer steht fremd oder gar befremdet daneben. Ist das alles nicht ein Übermaß an Zügellosigkeit? Im Grunde heidnisch und eines Christen nicht würdig? Nun, es mag sein, daß hier zuallererst Toleranz verlangt wird, Toleranz, die gewähren läßt, auch da, wo einer noch nicht oder nicht mehr versteht, was andere da treiben. Eine Toleranz, die auch abschätzige Gedanken und vernichtende Urteile aus dem eigenen Herzen verbannt, selbst dann, wenn einer für sich selber ganz genau wüßte: Ich gebe mich da nicht hinein, ich mache da nicht mit.

Aber ich denke, daß diese Fasnacht unter uns Menschen ganz andere und viel ernster zu nehmende Fragen aufwirft. Denn, machen wir uns nichts vor, unter uns leben beständig Menschen, die nicht mitfeiern können, nicht einmal sich mitfreuen können. Unter uns leben Menschen, die wegen einer Behinderung sich ausgeschlossen sehen von der allgemeinen Lustbarkeit, die das Wort „Narrensprung“ ständig daran erinnert, daß sie nicht springen, nicht einmal mühsam an zwei Krücken sich fortbewegen können. Menschen, die nie auf einem Ball mittanzen werden, Menschen, die man schief anschauen würde, wenn sie versuchten, mit ihrem Rollstuhl in den allgemeinen Trubel hineinzugelangen. Und daneben die anderen, denen äußerlich gar nichts anzumerken ist, und die sich doch nicht mitfreuen können. Menschen mit einer tiefen Wunde im Herzen, die nicht heilen will und die jede Ausgelassenheit verbannt, Menschen mit seelischen Krankheiten, denen das Lachen längst vergangen ist.

All diese Menschen leben beständig unter uns, und sie spüren es auch beständig, daß sie nicht so sind wie die anderen. Aber an Tagen wie Karneval kommt dann das Gefühl, ausgeschlossen zu sein, besonders deutlich hoch. Das Gefühl: Warum dürfen alle anderen lachen, sich freuen, für ein paar Stunden wenigstens alle Sorgen vergessen – nur ich nicht? Dann wird der Abstand besonders spürbar zwischen der eigenen Schwere, mit der einer lebt, und der Leichtigkeit der anderen.

Daß dies alles so ist und wohl auch immer so sein wird, daran können wir Menschen nichts ändern. Wir wissen nicht, warum dem einen Menschen dieses, dem anderen jenes Schicksal mit auf den Weg gegeben ist, und wir können auch an unserem Schicksal nichts ändern. Aber wer in sich selber spürt, daß er zu jenen gehört, die nicht so leicht leben, die nicht vergessen können, nicht einmal für ein paar Stunden, bleibt dem dann nichts anderes als ein neidischer Blick auf jene, die sich ins kunterbunte Getümmel stürzen? Für manch einen vielleicht schon, aber sicher nicht für alle. Denn ich glaube, daß es immer wieder Menschen gelingt, aus dem Schicksal, das ihnen zu tragen nun einmal auferlegt ist, doch noch etwas zu machen, doch noch etwas zu entdecken, wofür zu leben sich lohnt.

Etwa so, daß einer, der durch die tödliche Nacht der Depression hindurchgegangen ist, nachher offenere Augen hat für manche verborgene Schönheit des Lebens. Denn auch wenn es so sein sollte, daß einer nachher nie mehr so recht ausgelassen sein kann, kann es doch sein, daß in ihm eine tiefe Fähigkeit zur Freude wächst, die er vorher nie kannte. Daß einer, dessen Lebens- und Aktionsradius radikal beschnitten wurde, sich doch nicht stets eingesperrt fühlt wie ein Vogel im Käfig, sondern anderes für sich entdeckt, etwa die wirkliche Freundschaft zwischen Menschen, die gepflegt sein will. Es muß nicht so sein, daß jeder, der durch tiefes Leid hindurchgeht oder hindurchgegangen ist, deshalb gar nichts mehr findet, was ihn im Herzen froh macht. Vielleicht daß er sich wiedererkennt in der Violine, deren Lebensweg eine deutliche Bildersprache spricht:

„In ihrem Innersten
trug die Violine diesen Spruch:
‚Als ich noch in den Wäldern lebte,
hab ich geschwiegen, nun ich gestorben bin,
singe ich.‘

Als ich in den Wäldern lebte,
hab ich geschwiegen, da war das Holz ja
nur Holz und der Baum ein Baum.
Aber der Baum wurde gefällt, in Bretter
zersägt und wer könnte sagen,
welchen Martern noch das Holz
unterzogen wurde? Immer wieder andere Hände
sind damit beschäftigt gewesen.
Schließlich ist das Holz auf dem Arbeitstisch
des Violinbauers gelandet.
Und da ist das Wunder geschehen:
Das Holz, das in den Wäldern lebte,
ist die schlanke, leicht gebogene Violine geworden.
Und der Spieler hat sie in seine Hand
genommen.

Da ich gestorben bin, singe ich.“[2]

Und dann gibt es noch all die anderen, die nicht mitfeiern können, weil sie hungern, krank sind, gefangen und geschunden, verfolgt, auf der Flucht, in Elendsquartieren. Es gibt sie überall auf der Welt, es gibt sie auch, während die anderen Fasnacht feiern. Es wäre zu einfach, brächte man jedes Fest dadurch in Mißkredit, daß wir es für unmöglich erklärten, weil anderswo auf unserer Erde Menschen leben, denen weiß Gott nicht nach ausgelassener Fröhlichkeit zumute ist. Dadurch, daß wir auf jede Fröhlichkeit verzichten, lassen sich Weltprobleme auch nicht lösen. Menschen verkommen, wenn sie niemals aus dem Alltag heraustreten, vielleicht auch, wenn sie es niemals wagen, Narren zu sein. Vielleicht hatte

[2] Die Violine, aus: H. Verbeek, Warum schweigen die Menschen, Vater? Mainz 1972

Bernhard Shaw mit seinem Ausspruch recht: „Was wir brauchen, sind ein paar verrückte Leute. Seht doch selber, wohin uns die Vernünftigen gebracht haben!" Es wäre wirklich töricht, mit der Lösung der Weltprobleme so zu beginnen, daß man es Menschen verbietet, einmal den Schritt aus dem Alltag ins Ausgelassene und Närrische zu wagen.

Aber *daß* es jene Menschen in Elend und Unterdrückung gibt, das ist eben auch wahr. Und so hat wohl nur jener das Recht, auch einmal ins Närrische auszubrechen, der für die übrige Zeit des Jahres redlich seine Last und Verantwortung mitträgt dafür, daß niemand auf Erden dazu geboren wurde, daß man ihn mit Füßen tritt. Es dürfte nicht so sein, daß man versucht, sich mit einer Spende von seiner Verantwortung loszukaufen, sondern man sollte dafür einstehen, daß jeder Mensch unter der Sonne ein Recht hat zu leben, und zwar nicht nur gerade zu überleben, sondern auch ein wenig Freude zu finden in seinem Leben, ein wenig glücklich zu sein.

„in ängsten die einen
und die andern leben
und die andern leben
und sie leben nicht schlecht

in hunger die einen
und wir andern leben
und wir andern leben
die im hunger leben schlecht

kyrie
kyrieeleison
herr guter gott erbarme dich

gefangen die einen
und die andern leben
und die andern leben
und sie leben nicht schlecht

geschunden die einen
und wir andern leben
und wir andern leben
die geschundenen leben schlecht

kyrie
kyrieeleison
herr guter gott erbarme dich"[3]

Es wäre schlimm, wenn einer es dem anderen übelnähme, daß er nicht so ist wie ich selbst. Es wäre schlimm, wenn der Schwermütige noch zusätzlich ausgestoßen würde als Spielverderber, als einer, der sich doch eigentlich nur einen Ruck zu geben bräuchte, um dann doch einzustimmen in die allgemeine Ausgelassenheit. Und es wäre umgekehrt auch schlimm, wenn einer mit seiner Schwermut hausieren ginge und den anderen ihre Freude zerstörte. Beides wäre nicht gerade christlich.

Aber da wir Menschen nun einmal zueinander gehören und keiner sich von dem anderen trennen kann, nicht einmal für ein paar Stunden, so gilt auch hier: Die Traurigen und die Ausgelassenen gehören zusammen, sie sind aneinander gebunden, einander verpflichtet. Es kann sein, daß die Schwermütigen zu all ihrer Last doch den Versuch unternehmen müssen, auch die Mißgunst aus ihrem Herzen zu reißen, die heimliche oder zur Schau getragene Verachtung, daß sie es lernen müssen, ohne Mißklang die anderen in ihre Heiterkeit gehen zu lassen. Aber es kann auch sein, daß die Heiteren es hinnehmen müssen. daß stets ein Wermutstropfen in den Becher der Freude fällt, daß immer ein Schatten auf ihre Unbefangenheit fällt.

Der Apostel Paulus streut in seine Briefe immer wieder einmal zwischendurch Ermahnungen ein, die uns in dieser Sache wohl von Nutzen sein könnten:

[3] In Ängsten die einen, aus: leben wird es geben. Schallplatte zum Evangelischen Kirchentag 1975. peter janssens musikverlag.

Keiner von uns lebt für sich selbst und keiner stirbt für sich selbst.
Wenn wir leben, leben wir für den Herrn,
und auch, wenn wir sterben, sterben wir für den Herrn,
ihm gehören wir im Leben wie im Tod.
Warum also verurteilt ihr dann eueren Bruder?
Oder warum verachtet ihr ihn?
Ist es nicht vielmehr so:
Einer soll dem anderen helfen, seine Lasten zu tragen.
So und nicht anders werdet ihr das Gesetz Christi erfüllen.
Darum seid fröhlich mit den Fröhlichen und weint mit den Traurigen,
und vor allem haltet in Einigkeit zusammen.
(Röm 14,7.8.10 / Gal 6,2 / Röm 12,15.16a)

Ein Volk unterwegs

Der Herr sagte zu Abram: „Verlaß deine Heimat, deine Sippe und die Familie deines Vaters und zieh in das Land, das ich dir zeigen werde! Ich will dir viele Nachkommen schenken und dich zum Vater eines mächtigen Volkes machen. So wirst du in aller Welt berühmt; an dir wird sichtbar werden, was es bedeutet, wenn ich jemanden segne." Und Abram folgte dem Befehl des Herrn. Er zog in das Land Kanaan, von Lagerplatz zu Lagerplatz, immer weiter nach Süden. (aus Gen 12,1–9)

Die Kirche zu sehen im Bild eines Volkes, das pilgernd unterwegs ist – das hat es in der Christenheit immer wieder gegeben. So recht zu Ehren gekommen freilich ist dieses Bild auf dem II. Vatikanischen Konzil, als es geradezu zum Schlüsselwort wurde, an dem alle anderen Bilder sich messen lassen müssen. Und es ist ja auch gewiß so: Es steckt darin irgendetwas verborgen, was manchen von uns im Herzen wohnt. Es ist ein Bild, das daran erinnert, Christentum müsse etwas zu tun haben mit Aufbruch, mit Befreiung, müsse etwas zu tun haben damit, daß das Unmögliche möglich wird. Es müsse Menschen dahin beflügeln, daß sie auf einmal fertigbringen, was sonst zu schwer scheint: die Stricke zerreißen, die uns binden, auch die Stricke der Tradition, der Verwurzelung, des Schon-immer-so-Gewesenen. Christentum müsse etwas zu tun haben damit, daß Menschen sich nicht abfinden mit der Welt, so wie sie ist, sondern einen neuen Weg suchen, ihre Träume wahrmachen.
Und dann mag uns vor Augen stehen Abraham, der „Vater aller Glaubenden", wie er auch im Neuen Testament heißt. Von ihm wird berichtet, er sei herausgerufen worden aus dem Land seiner Väter. Nirgendwo wird gesagt, es sei ihm daheim etwa schlecht gegangen, er habe dort keine Zukunft mehr gehabt. Aber da ist ein Gott, der ruft, und Abraham hört und folgt. Er macht sich auf den Weg, den er nicht überschaut, und er mutet dieses Abenteuer nicht allein sich selbst, sondern auch seiner ganzen Familie zu. Ob dieser Gott, der da ruft, wirklich ein Gott ist, der seine Verheißungen wahrmacht, oder ob es eigentlich nur die Stimme des Versuchers

ist, das wird Abraham erst später erfahren. Er hat keine Sicherheit. Hinter ihm steht keine jahrhundertealte Tradition, die ihm sagen könnte, daß Gott stets so gerufen und dann auch seine Verheißungen erfüllt habe. Er muß wirklich ins Leere aufbrechen, in einer Weise, wie wir Heutigen es uns wohl gar nicht mehr vorstellen können.

Vielleicht sollten wir es uns einmal überlegen, was das heißt: unterwegs sein, keine Heimat haben, welch einen Preis wir Menschen dafür zahlen, wenn wir uns auf den Weg machen. Keine Heimat haben: keine Wurzeln haben, weder an einem bestimmten Ort, noch in der Vergangenheit, kein selbstverständliches Daseinsrecht, keine Bräuche und Traditionen. Keine Heimat zu haben, heißt ständig anpassungsbereit sein, um dem ständigen Wechsel standzuhalten, mit Unsicherheit zu leben. Es heißt, wenn man nicht immer wieder zum Märtyrer werden will, sich auf die Wirklichkeit einzulassen, ohne sich das Rückgrat zu verbiegen. Wahrhaftig eine mühsame Angelegenheit, dieser Weg, und allzu viel Gepäck darf man auch nicht mitnehmen, sonst besteht man ihn gar nicht. Auch wenn das Herz an manchem hängt, muß man es doch zurücklassen. Und so kann es geschehen, daß einem der Enthusiasmus darüber, „pilgerndes Gottesvolk" sein zu dürfen, recht rasch ausgetrieben wird, daß wir im Gegenteil in uns ganz andere Gefühle entdecken einem Gott gegenüber, der uns diese Reise zumutet.

Wenn es uns gelingt, ehrlich in uns hineinzulauschen, dann werden wir es in uns vernehmen: Wer sich selber auf diesen Weg Abrahams eingelassen hat, der wird auch die Trauer des Volkes Israel nachempfinden können, das seit Abraham Gottes pilgerndes Volk schlechthin geworden ist. Das immer wieder die Zelte hinter sich abbrechen mußte, nicht zuletzt gejagt auch durch uns Christen. Vielleicht erkennt sich manch einer auch unter uns wieder in jenem schwermütigen Schlußgesang aus dem Musical „Anatevka": Wieder einmal müssen Menschen ihre Heimat verlassen. Nichts Kostbares bleibt zurück; andere werden mit dem Dörfchen Anatevka gar nichts anzufangen wissen. Aber das eigene Herz hing an diesem Ort, weil das eigene Leben daran hing, mit so vielen guten und schweren Stunden, mit soviel Freude und Leid. Alles verlassen müssen, vielleicht von einem Tag auf den anderen – das heißt es, Gottes pilgerndes Volk, ein Volk unterwegs zu sein.

„Letzten Endes, was gab's denn hier schon groß,
was war denn hier schon los,
was war denn hier schon da?
Ein Bett – ein Tisch – ein Stuhl – ein Schrank –
ein Baum – ein Strauch. . .
Was ist schon ein Herd, oder ein Haus?
Leute, die einmal hier waren, können sich später
nicht einmal mehr erinnern, daß sie einmal hier waren.
Ein Stückchen Holz – ein Stückchen Stoff –
was läßt man hier?
Nicht sehr viel außer Anatevka.
Anatevka, fröhliches, trauriges Anatevka,
hier war der Sabbat ja so schön.
Anatevka, rührendes, störrisches Anatevka,
solln wir dich niemals wiedersehn?
Bald wird man ein Fremder sein an fremdem Ort
und man findet keinen Menschen dort aus Anatevka.
Wir gehörn zu Anatevka,
fleißiges, ärmliches Anatevka,
geliebtes Dörfchen, kleine Heimatstadt."

Ja, es ist wohl wirklich etwas anderes, zu träumen von der großen Freiheit, die ein Aufbruch bedeuten könnte, zu schwärmen vom Schlaf unterm Sternenhimmel, als die Wirklichkeit dann zu ertragen. Das Volk Israel, das in Ägypten hart bedrängt, ja, in seinem Bestand bedroht wurde, hat sich nach dem Durchzug durch das Rote Meer in der Wüste schließlich doch nach den Fleischtöpfen Ägyptens zurückgesehnt. Da war nichts mehr zu spüren vom Enthusiasmus des Auszugs, nichts mehr vom Wunsch, es dem großen Vorvater Abraham nachzutun. Da zählte nur noch der nagende Hunger, der quälende Durst. Da zählte nur noch die Bedrohung durch mancherlei Gefahr, die man vorher in Ägypten nicht gekannt hatte. An die Sklaverei war man schließlich gewöhnt, aber was die Wüste dem Volk abverlangte an Über-

lebenswillen, das war mehr, das schien noch härter. Und so begehrte auch das Volk auf gegen Moses, es murrte gegen Gott, der seinem Volk einen solchen Auszug zumutete.
Wenn wir uns selbst wiedererkennen wollen in diesem Pilgernden Gottesvolk, dann gehört auch all das zu unserem Weg: diese Müdigkeit, diese Zermürbung durch immer neue Unbill unterwegs, dieses Murren gegen Gott, der uns ein so mühsames Leben zumutet. Es wäre gut, wenn wir all diese romantischen Vorstellungen von der ungeheuren Freiheit erst einmal beiseitelassen könnten, denn sie verstellen uns den Weg zur Wirklichkeit. Es wäre gut, wenn wir begriffen: unterwegs sein, heimatlos sein, herausgerufen werden ist zu allererst ein Schicksal, eine Antwort auf Gott; nur ein Vermessener könnte sich einen solchen Weg selbst aussuchen.
Aber dann, wenn diese Träume wie Morgennebel sich aufgelöst haben, dann entdecken wir vielleicht, daß es nicht nur Zermürbung gibt auf diesem Weg, nicht nur Enttäuschung und Verbitterung. Dann kommt vielleicht doch ein Gefühl von Freiheit auf, nur nüchterner, realistischer. Vielleicht so, daß einer erfährt: Was ich gelernt habe, freiwillig hinter mir zu lassen, das kann mir keiner rauben. Was ich bereit bin, von mir aus aus den Händen zu geben, das entreißt mir keiner. Mein Reichtum bemißt sich nicht nach dem, was ich besitze, sondern worauf ich ruhigen Herzens verzichten kann. Daß ich nur wenig auf diese Reise mitnehmen kann, tut mir nicht mehr weh, weil ich es selber erfahren habe, wie schön es ist, mit wenigem auszukommen. Ich erlebe eine Freiheit, die bei den Fleischtöpfen Ägyptens niemals zu erfahren gewesen wäre.
Ich glaube fest, daß es diese Freiheit gibt, auch wenn sie erst am Ende eines Weges so recht zu erleben ist und nicht schon am Anfang. Es lohnt, ihr entgegenzugehen. Es lohnt sich, für jeden einzelnen wie für die Gemeinde der Christen, immer wieder neu das Gepäck zu sichten, das man mitschleppen möchte, und das meiste hinter sich zu lassen. Es lohnt sich, immer wieder neu anzufangen, es lohnt sich, auch Kälte und Dunkelheit, auch Mutlosigkeit und Verzweiflung durchzustehen. Denn am Ende wartet etwas, das die Daheimgebliebenen nie erleben werden: die herrliche Freiheit der Kinder Gottes. Doch diese Freiheit wird nur denen geschenkt, die sie zu schätzen wissen.

In der Welt habt ihr Angst

Ich habe euch dies alles gesagt, damit ihr in mir Frieden habt. In der Welt habt ihr Angst, aber seid getrost: Ich habe die Welt überwunden. (Joh 16,33)

„In der Welt habt ihr Angst“: Obwohl Jesus doch, wie es im gleichen Satz heißt, diese Welt überwunden hat, haben wir Angst. Obwohl der Glaube einen Sieg bedeutet, der die Welt überwindet, sagt Jesus zu uns: In der Welt habt ihr Angst. Und ist es nicht auch wirklich so, daß wir, obwohl wir glauben, der Angst genauso ausgeliefert sind wie alle anderen? Wie oft höre ich es von Menschen: Ich habe Angst! Und wie oft höre ich die gleiche Stimme in mir selber: Ich habe Angst! Es wäre zu leicht, es wäre eines jener Patentrezepte, die es auf Erden nie geben kann, wenn einer sagte: Wer glaubt, hat keine Angst. Der Glaube schützt nicht endgültig vor Angst, das ist einfach nicht wahr. Es gibt keinen Kunstgriff, mit dem man dieser Angst entkommen könnte.

Angst – das ist etwas anderes als die Furcht vor einem konkreten, drohenden Ereignis. Wir Menschen lebten lebensgefährlich, wenn wir uns nicht fürchten, wenn wir die Gefahr nicht erkennen und meiden könnten. Wir erziehen unsere Kinder dazu, daß sie die vorüberbrausenden Autos auf der Straße fürchten, daß sie den Strom aus der Steckdose ebenso fürchten wie das spitze Brotmesser und die Chemikalien aus dem Putzschrank. Solche Furcht ist zum Überleben einfach notwendig. Sie ist die Mutter der Vorsicht, die auf drohende Gefahren aufmerksam macht und uns lehrt, nicht unbekümmert ins Leben hineinzuträumen. Aber diese Angst, die uns oft so sehr zu schaffen macht, ist etwas ganz anderes. Sie hat kein greifbares Gesicht, sie hat tausend Gesichter und wandelt sich von Augenblick zu Augenblick. Sie kann uns überfallen wie ein Alptraum, dessen wir uns kaum erwehren können. Für jeden hat sie wohl eine andere Stimme: Vielleicht ist es die Angst, daß der liebste Mensch, den wir auf Erden an unserer Seite haben, in jedem Augenblick uns genommen werden könnte, die Angst vor Telegrammen und nächtlichen Telefonanrufen, wenn einer noch unterwegs ist. Oder die Angst, daß das, was einem als Ziel des eigenen Lebens ganz unverwechselbar vor Augen steht, sich nie wird erreichen lassen. Daß das Leben zu kurz sein wird, daß die Zeit verrinnt, daß es ein endgültiges Zuspät geben könnte. Die Angst, sich am Ende sagen zu müssen, daß alles sinnlos gewesen sei, alle Anstrengung, das Leben zu meistern, alle geduldig ertragenen Schmerzen, alles mühsam bewältigte Leid. Die Angst, es könnte einer sein grausames Spiel mit uns Menschen gespielt haben, die Angst, nichts weiter gewesen zu sein als ein winziges, unbedeutendes Steinchen in einer unendlichen Mauer. Die Angst, ausgelöscht und vergessen zu sein für immer.

Sage niemand, Christen kennten solche Angst nicht oder dürften sie zumindest nicht kennen! Niemand nimmt solche Last von unseren Schultern, und gerade wer glaubt, wirklich tief und demütig glaubt, der kennt diese Tage der Angst, da der Glaube sich verdunkelt. Und ich denke, eine solche Angst ist gemeint in jenem Satz des Johannes-Evangeliums: „In der Welt habt ihr Angst" – und ihr, die ihr glaubt und mir nachfolgen wollt, seid in der Welt! Auch wenn diese Welt schon im tiefsten überwunden ist – so lange ihr lebt, seid ihr in der Welt und darum auch für diese Angst greifbar. Ich sage euch das, damit ihr euch keine Illusionen macht. „Ich habe die Welt überwunden": Doch vertraut, daß euer Leben, so wie es hier und jetzt gelebt werden muß, nicht einfachhin alles ist. Ihr werdet ein anderes Leben kennenlernen. Aber vor allem: Ihr könnt – einer für den anderen – schon etwas von dieser neuen, anderen Welt erfahrbar machen, wenn ihr einander beisteht in eurer Angst, wenn einer den anderen tröstet. Ihr sollt wissen, daß das möglich ist: daß einer den anderen trägt, und daß ich es von euch, meinen Jüngern, erwarte. Unter euch soll es nicht so sein, daß da einer Angst leidet und die anderen stehen teilnahmslos daneben. Unter euch soll es nicht so sein, daß einer daniederliegt wie Hiob, und sich dann zu all seinem Leid auch noch die törichten Reden seiner ungebetenen Freunde anhören muß, die Schadenfreude all derer, die es natürlich schon längst gemerkt haben, daß der wahre Weg des Glaubens anderswo langgeht. Ihr sollt vielmehr füreinander da sein – einer für den anderen einstehen in seiner konkreten Not. Und wenn ihr das wirklich tut, dann werdet ihr es wirklich erleben, daß ich die Welt überwunden habe: Ihr werdet erleben, daß ihr einander wirklich trösten und tragen und behüten könnt, daß ihr stärker seid als die Angst.

„Manchmal, da kommt sie raus,
die Angst, mit der ich lebe,
die immer bei mir wohnt,
bis ich mich dran gewöhne,
manchmal, da kommt sie raus.

Dann lieg ich da wie ein Fisch,
wie ein Fisch auf dem Trockenen,
und kann nicht weg wie ein Fisch,
wie ein Fisch auf dem Trockenen.
Dann brauch ich keinen, der sich in's Fäustchen lacht,
dann brauch ich einen, der mich sicher macht,
dann brauche ich dich,
dann brauche ich dich.

Sie wird oft ausgenutzt,
die Angst, mit der ich lebe,
von Leuten, die daraus
ihr eignes Süppchen kochen,
sie wird oft ausgenutzt.

Dann lieg ich da wie ein Fisch,
wie ein Fisch auf dem Trockenen,
und kann nicht weg wie ein Fisch,
wie ein Fisch auf dem Trockenen.
Dann brauch ich keinen, der bei mir abkassiert,
dann brauch ich einen, der mich weiterführt,
dann brauche ich dich,
dann brauche ich dich.“[4]

[4] W. Fietkau, aus den Liedern zum Kirchentag 1975 in Frankfurt.

Ja, manchmal, da kommt sie raus, die Angst, mit der ich lebe. Manchmal kann ich sie einfach nicht verbergen, schaffe ich es nicht mehr, mir die Maske vor das Gesicht zu halten. Dann fühle ich mich entblößt, bloßgestellt. Nicht nur unter frommen Christen hat ja die Angst einen schlechten Ruf. Wir Menschen ganz allgemein wollen nichts mit ihr zu tun haben. Schon dem kleinen Kind wird es abgewöhnt, Angst zu zeigen: Es muß trotzdem im Dunklen in den Keller gehen. Und es lernt, geschickte Ausreden zu erfinden, um den furchterregenden Gang zu vermeiden, ohne zugeben zu müssen: Ich habe Angst. Und bis einer erwachsen ist, wird ihm unaufhörlich suggeriert, er müsse nur optimistisch das Leben anpacken, „positiv denken", und alles werde gelingen.
Aber manchmal, da kommt sie raus, die Angst, mit der ich lebe. Große Heilige berichten von ihr, Teresa von Avila und Johannes vom Kreuz und in ihren Fußspuren die „kleine" Theresia von Lisieux. Und wie viele namenlose Christen mögen sie erfahren haben, diese Angst, die so stumm macht und so hilflos, daß einer daliegt wie ein Fisch auf dem Trockenen. Wohl dem, der dann einen Menschen an seiner Seite hat, der ihn hält! Und wer Angst hat, der ist leicht zu lenken. Man braucht nur in das gleiche Horn der Angst zu blasen, und der andere wird parieren. Wer Angst hat um seinen Arbeitsplatz, den kann man demütigen, den kann man schaffen lassen unter menschenunwürdigen Bedingungen, dem kann man immer mehr Pflichten auferlegen wie einem Sklaven, denn er wird nicht wagen aufzubegehren. Wer Angst hat, die Freundschaft eines anderen zu verlieren, der wird seine eigenen Hoffnungen und Erwartungen stets hintanstellen, wird es nicht wagen zu zeigen, daß er verletzt, übergangen, gekränkt wurde. Wer um ein gutes Zeugnis bangt, der wird auch da den Mund halten, wo das Gewissen ihn drängt zu reden. Sie wird oft ausgenutzt, die Angst, mit der ich lebe.
Wohl dem, der es in seinem Leben erfahren durfte: Ich habe meine Maske fallengelassen, die Angst gezeigt, mit der ich lebe, und niemand hat mich ausgelacht. Niemand hat es bessergewußt. Niemand hat versucht, daraus Profit zu schlagen. Niemand hat versucht, mich hinterrücks in seine Gewalt zu bringen. Sondern einer hat zugehört, hat seine Hand angeboten, mir wenigstens ein Stück

weit herausgeholfen. Einer hat Hoffnung gemacht auf ein neues, besseres Leben.
Aber was bleibt dann für all die vielen unter uns, die keinen gefunden haben, der sie hält, der sie weiterführt, die allein leben müssen mit ihrer Angst? Die Evangelien erzählen, daß Jesus am letzten Abend vor seinem Leiden drei seiner Jünger, seiner besten Freunde gebeten habe, bei ihm zu wachen, mit ihm zu wachen, ihn nicht allein zu lassen in seiner Angst. Aber von Müdigkeit überwältigt schliefen sie immer wieder ein. Jesus hat seinem Tod ungetröstet ins Auge sehen müssen. Und in seiner Angst hat er gerufen zu dem, den er sein Leben lang seinen Vater genannt hatte. Und die Evangelien erzählen weiter, daß ein Engel vom Himmel gekommen sei, um ihm beizustehen.
Was anderes kann das bedeuten, als daß es tiefste christliche Überzeugung sei, Gott werde einen solchen Hilferuf nicht ungehört verhallen lassen? Freilich dürfen wir diese Überzeugung nicht so mißverstehen, als könnten wir ruhig einen Verängstigten auch einmal allein lassen – Gott werde sich seiner schon annehmen. Aber wer allein ist, wer sich nicht mehr verständlich machen kann, sich zu klein, zu elend fühlt, als daß irgendeine Hilfe ihn noch erreichen könnte – vielleicht wird er es auch einmal erfahren dürfen, daß einer da ist, der Zukunft erschließt. „Und müßte ich wandern im dunklen Tal, ich fürchte kein Unheil, du bist bei mir." (Ps 23,4)

An der Grenze des menschlichen Begreifens

Wie ein Hirsch lechzt nach frischem Wasser,
so lechzt meine Seele, Gott, nach dir!
Meine Seele dürstet nach Gott, nach dem lebendigen Gott.
Wann werde ich kommen und schauen das Gesicht des Herrn?
Verzweifelt bin ich und weine Tag und Nacht,
während die Menschen mich täglich höhnen: Wo ist nun dein Gott?
Daran denke ich und schütte mein Herz aus bei mir selber:
Wie ich ins Zelt des Erhabenen einzog,
in den Tempel des Herrn mit Frohlocken und Danken in der Schar der Feiernden.
Was betrübst du dich, meine Seele, und bist so unruhig in mir?
Harre auf Gott, denn ich werde ihm noch danken,
daß er meines Angesichtes Hilfe und mein Gott ist.
Betrübt ist meine Seele in mir, am Tage schaue ich aus nach Gott,
und bei Nacht ersehne ich seine Barmherzigkeit
und bete zu dem Gott, in dessen Hand mein Leben steht.
Ich bin so zerschlagen, so ohne Kraft,
und die mich hassen, reden den ganzen Tag auf mich ein: Wo ist nun dein Gott?
Was betrübst du dich, meine Seele, und bist unruhig in mir?
Harre auf Gott, denn ich werde ihm noch danken,
daß er meines Angesichtes Hilfe und mein Gott ist. (aus Ps 42)

Von der inneren Sicherheit, die der christliche Glaube zu geben vermöge, vom Frieden, von der Geborgenheit ist in der christlichen Verkündigung viel die Rede. Der Glaube, der unverkürzt weitergesagt werden muß, soll denen, die an ihm festhalten, Ruhe geben – jene Ruhe und Gelassenheit mitten in den Stürmen der Zeit, von der andere nur träumen können. Denn außerhalb dieses Glaubens, so wird schnell einmal hinzugefügt, gibt es vor allem Unsicherheit, Verwirrung und Orientierungslosigkeit.
An all dem mag durchaus etwas Wahres sein, aber, wie so oft, ist es doch nur die eine Seite des Glaubens. Von der anderen, die es ebenso gibt, wird längst nicht so viel gesprochen. Sie läßt sich längst

nicht so gut anpreisen, sie „zieht nicht“, wie man so sagt, sie scheint nicht begehrenswert. Diese andere Seite: es ist jene, die viele große Heilige erfahren haben und in ihren Fußspuren unzählige einfache Christen – „die dunkle Nacht der Seele“, wie Johannes vom Kreuz es nannte. Diese andere Seite, das ist der Glaube, der nicht Antwort ist auf alle Fragen, sondern der selber Frage ist, Fragen aufwirft, für die keine Antwort in Sicht ist. Ein Glaube, der sich im Alltag nicht dadurch bewährt, daß er sichere Orientierungshilfe ist, um sich im Leben zurechtzufinden, sondern der das Gewissen aufmerksam macht auf Dinge, die andere großzügig zu übersehen scheinen. Ein Glaube, der im Leiden nicht tröstet und besänftigt, sondern die Fragen nur noch deutlicher werden läßt.
Daß ein solcher Glaube nicht gerade begehrenswert erscheint, ist nur zu verständlich. Aber dennoch ist es wohl niemandem erlaubt, lästigen und hartnäckigen Fragen einfach auszuweichen, nur deswegen, weil sie – sollten sie die Oberhand gewinnen – das eigne Leben durcheinanderbringen könnten. Solche Fragen wirft man ja ohnehin nicht auf, nur weil es einfach Spaß macht, alles einmal durcheinanderzuwirbeln, erst recht nicht, weil man anderen ihre innere Gelassenheit mißgönnt; man wirft sie nicht auf aus Freude am Chaos. Sie drängen sich vielmehr immer wieder auf, weil sie mit zur Wahrheit des Evangeliums gehören. Sie gehören zur Wahrheit des Evangeliums so sehr wie das Kreuz zur Auferstehung. In George Bernanos' Werk „Die begnadete Angst“ läßt der Dichter Schwester Blanche von der Todesangst Christi ihre immer heitere Mitnovizin fragen: „Hast du nicht Angst, daß Gott dir eines Tages sagen könnte: Ich finde es nicht zum Lachen, daß ich dich geliebt habe?“ Nein, es geht wahrhaftig nicht darum, den Immerfrohen aus Neid die Heiterkeit zu zerstören, sondern es geht darum, daß wirklich der ganze Glaube immer wieder verkündet wird, auch mit all seinen harten, kantigen Seiten. Etwa der Glaube des alttestamentlichen Hiob, der von Gott über alles Maß geprüft wird und keineswegs alles schweigend hinnimmt, sondern nicht aufhört, Gott seine Fragen zu stellen:

Wann wendest du endlich deine Augen von mir ab
und gibst mir wenigstens Zeit, meinen Speichel zu schlucken?

Was habe ich dir getan, der du die Menschen belauerst?
Warum hast du mich zu deiner Zielscheibe gemacht, und bin ich dir nur eine Last?
Warum übergehst du meine Verfehlung nicht?
Bald liege ich im Staub: dann kannst du mich suchen,
aber ich bin nicht mehr da. (aus Hiob 7)

Und nicht etwa dieser Hiob, der mit seinem Gott hadert, wird am Ende zurechtgewiesen, sondern seine Freunde, die auf ihn eingeredet haben mit frommen, aber billigen Trostsprüchen. Nein, es ist keineswegs so, als wäre Gott stets auf Seiten derer, die am besten die frommen Worte zu setzen wissen. Und sogar Jesus selbst mußte in seiner Todesangst, damals im Garten Gethsemane, mit seinem Gott ringen, während seine Freunde schliefen. Und seither haben es viele viele Heilige erleben müssen, auch die so hochverehrte „kleine“ Theresia von Lisieux, die gar nicht so „klein“ war, und deren Glaube Anfechtungen ausgesetzt war bis zu ihrem Ende, die erst im Tode hinüberwechselte aus dem Dunkel ins Licht.
Darum wäre es schlimm, wenn die Heiteren und Gelassenen und Glaubenssicheren in der Gemeinde der Christen das Heft fest in der Hand hätten, und die Angefochtenen, die Verzagten, die Zweifler nur am Rande noch geduldet wären. Es wäre schade um die Wahrheit des Evangeliums, es wäre schade vor allem um die vielen Menschen, deren Leben in das Dunkel geführt wurde und die dort verbleiben müssen, bis der Herr selber es anders fügt. Das grelle Licht der Glaubenssicherheit würde sie nur blenden; was sie bräuchten, wäre ein mildes Licht, ein freundliches Licht, das sie begleitet beim Suchen. Eine Hand, die sich helfend ausstreckt, ein sanftes Wort oder auch ein schweigendes Zur-Seite-Stehen.
Vielleicht, daß wir selber uns einmal fragen, ob wir die manchmal zur Schau getragene Gewißheit und Heiterkeit des Glaubens nicht einfach gebrauchen wie einen Schutzschild, um die wirklichen Fragen des Lebens abzuwehren, nicht an uns heranzulassen? Ob wir uns nicht dahinter verstecken, weil wir uns um die Antwort drücken, weil wir sie – ganz persönlich – doch nicht zu geben wüßten, weil wir den Mund zu voll genommen haben und gar nicht wahrmachen könnten, was da immer wieder im Chor bekannt wur-

de? Vielleicht eine unübliche Gewissenserforschung, aber ich meine, eine notwendige, gerade unter Frommen, die es doch ernst meinen.
Und noch eines möchte ich zu bedenken geben. Ich fand vor Jahren einmal einen Text, vorgelesen in einem Gottesdienst, den ich nicht vergessen konnte und den ich jetzt ins Gedächtnis rufen möchte. Er lautete:

„Wenn du sagst: ‚Gott!' sage ich: ‚Ich weiß nicht!'
und das ist beinah das gleiche,
denn wir kennen alle beide die Grenzen unseres Begreifens.

Aber: Wenn Du sagst: ‚Gott!' und ich: ‚Ich weiß nicht!'
dann fühlst du dich beschützt und ich mich verlassen
an den Grenzen unseres Begreifens.

Doch sollte es je geschehen, daß du erfährst,
wie wenig du weißt von Gott,
und taumelnd am Abgrund deines eigenen Glaubens stehst,
gib mir dann deine Hand, damit ich dich stützen kann,
denn mir ist dann nicht so angst wie dir."

Sie verstehen: Wo Glaube endet und Unglaube beginnt, darüber kann nur der ein rasches Urteil sprechen, der nicht sehr weit sieht. Wer einmal die Grenzen allen menschlichen Begreifens erkannt hat, der wird sich im Urteil zurückzuhalten wissen. Aber daß Glaube schützt und wärmt und birgt, und daß der Zweifel uns der Kälte ausliefert, dem Sturm und Regen, das wissen wir alle. Doch wer dieser Unbill einmal standhalten mußte, wer schon weiß, wie es sich draußen schläft, ohne schützendes Dach überm Kopf, dem kann man nicht mehr viel nehmen. Der hat es gelernt, mit wenigem auszukommen. Wer mehr Anfechtung als Trost in seinem Glauben erfahren hat, dem können auch keine Welten mehr zusammenbrechen. Und, so muß es die Verfasserin jenes Textes erlebt haben, damit hat er anderen etwas voraus: Er kann da eine stützende Hand sein, wo jener bergende Glaube sich auf einmal auflöst, wo einer jenes zweite, dunkle Gesicht des Glaubens erfahren muß. Wer diesen Weg ins Dunkle schon vorausgegangen ist, der kann ein wenig Zuversicht ausstrahlen, wo einer meint, ihm breche nun alles zusammen.

Beten wir deshalb immer wieder darum, daß unter uns solche Menschen nie fehlen mögen: Menschen, deren Glaube es schon gelernt hat, auch im Dunkel zu leben. Menschen, die erfahren haben, wie man mit Grenzen lebt. Menschen, die Gott anders erfahren haben, als sie es sich geträumt hatten. Menschen, die es gelernt haben, auf Gottes Schwelle zu sitzen, schweigend und wartend, bis er selbst die Türe öffnet.

Vom Geist in die Wüste geführt

Damals wurde Jesus vom Geist in die Wüste geführt. Als er vierzig Tage und vierzig Nächte gefastet hatte, überfiel ihn der Hunger. Da trat der Versucher an ihn heran. (Mt 3,1–2a)

Wir alle kennen wohl diese Geschichte. Sie prägt sich ein, weil sie so merkwürdig ist. Der Versucher tritt an Jesus heran: Mach aus diesen Steinen Brot! Dabei geht es eigentlich gar nicht um Jesu Hunger nach vierzigtägigem Fasten. Diese Wüstenzeit ist die Zeit innerer Vorbereitung auf Jesu öffentliches Wirken in Israel, und darauf zielt auch die Versuchung: Wenn Jesus einmal öffentlich auftreten und predigen wird, um wieviel leichter werden die Leute ihm anhangen und seinem Wort glauben, wenn er ihnen auch Brot gibt! Der Versucher sagt weiter: Stürz dich von der Zinne des Tempels herab, damit die Leute sehen, wie Gottes Engel dich behütet! Um wieviel leichter werden die Menschen glauben, wenn ein Wunder sie überwältigt. Der Versucher sagt: Ich werde dir die ganze Welt überlassen, wenn du niederfällst und mich anbetest! Um wieviel leichter werden die Menschen glauben, wenn Jesus Autorität ausstrahlt, mit Macht seinen Auftrag erfüllt. Doch dreimal weist Jesus den Versucher ab.

Jesus will keinen Glauben, der darauf ruht, daß Menschen, vom Brot gesättigt, vom Wunder überwältigt ihm nachlaufen. Er will keinen Glauben, der darauf ruht, daß Menschen sich dem Geheimnis seiner Person unterwerfen, er will keinen Glauben, der auf Überwältigung beruht. Der Glaube, den Jesus in den Herzen der Menschen wecken möchte, ist ein Glaube, der ruht auf freier Gewissensentscheidung, auf kritischem Mitdenken. Er kennt uns Menschen: Er weiß, daß wir allzu oft alle möglichen Mirakel mehr lieben als Gott selbst, daß es uns oft genug nicht geht um Gotteserkenntnis, sondern darum, daß wir etwas finden zum Verehren. Daß uns Freiheit unbequem ist, weil sie Eigenverantwortlichkeit verlangt, und daß es uns darum in bequemer Knechtschaft wohler ist. So sind wir Menschen: Wer uns Wunder verspricht, Geheimnis, Autorität, der findet schnell viele, die ihm nachlaufen. Aber schwer hat es jener, der uns in Aussicht stellt, uns in die Wüste zu führen, um dort klare Entscheidungen von uns zu verlangen, mitten im Hunger.

Es ist darum wohl wichtig für das Verstehen dieser Geschichte, daß sie eben in der Wüste spielt. Die Wüste, das ist eine harte Landschaft, karg und menschenfeindlich. Sie hat so gar nichts Erbauliches an sich, sie ist trocken, im wörtlichen wie im übertragenen Sinn des Wortes. Die Wüste muß man bestehen, oder man kommt in ihr um. In dieser Wüste wird Jesus versucht, und in dieser Wüste entsteht das Bild vom Glauben, den Jesus unter uns Menschen sucht. In dieser Wüste gibt es nur ein Entweder – Oder, nur die Wahl zwischen Gott und dem Versucher.

Ob wir wohl Jesus bitten dürfen, mit uns Mitleid zu haben, mit uns, die wir diesen Glauben nicht immer oder zumindest nicht immer gleich aufbringen können? Es ist so schwer, zu verzichten auf alle Wunder, auf alles Sinnenfällige, auf alles Überwältigende! Es ist so schwer, nüchtern zu bleiben, die Verantwortung für den Glauben selber zu übernehmen, auf Autorität zu verzichten, die uns stützen und Sicherheit geben könnte. Wir sind wohl nicht die Menschen, die die Wüste bestehen könnten, zumindest sind wir das nicht immer, an jedem Tag unseres Lebens.

Manche unter uns freilich werden diese Wüste schon längst kennen, wenn auch vielleicht unter einem anderen oder gar keinem Namen. Sie werden es schon erfahren haben, wie man sich fühlt, wenn der Glaube sich verdunkelt, wenn die Seele keinen Trost mehr findet und keine Zuversicht. Sie werden diese „Nacht der Seele“ kennen, dieses undurchdringliche Dunkel, das Angst macht. Sie werden das Gefühl kennen, daß niemand einem letztlich das eigene Glauben abnehmen kann, auch kein Theologe, kein Bischof, nicht einmal der Papst selber, kein Heiliger des Himmels, niemand. Ich glaube, daß Menschen, die solches erleben, Jesus ganz nahe sind, als er in der Wüste versucht wurde. Sie sind Jesus nahe, wenn sie nicht zu flüchten versuchen aus dieser Nacht der Seele, sondern sie geduldig zu Ende ertragen, bis Gott es anders fügt.

Sicher wäre dieser Text von der Versuchung auch falsch verstanden, wenn einer meinte, diese Wüste ständig suchen zu sollen.

Schließlich ist auch Jesus dorthin nicht aus eigenem Antrieb gegangen, sondern vom Geist geführt worden. Und nach vierzig Tagen hat er die Wüste wieder verlassen, und sein Leben hat wieder Farbe und Heiterkeit gewonnen. Er hat später in der Wüste Menschen mit Brot gespeist, nicht damit sie ihm nachlaufen, sondern einfach, weil sie ihm in ihrem Hunger leid taten. Er hat Wunder gewirkt, viele sogar, nicht um Menschen zum Glauben zu zwingen, sondern um sie von den Fesseln des Leides zu befreien. Er hat gepredigt „wie einer, der Macht hat, nicht wie die Pharisäer und Schriftgelehrten“ (Mt 7,29), aber nicht, um die freie Glaubensentscheidung seiner Zuhörer zu ersetzen, sondern weil in ihm die Macht Gottes sich Bahn brach. Die Wüste, das ist immer das Äußerste, und auch Jesus hat sein Leben darin nicht länger als vierzig Tage verbracht. Bitten wir Gott, Er möge unsere Wüste auch nicht länger dauern lassen! Er möge unsere Schwachheit mit in Rechnung stellen und uns nicht über unsere Kraft versuchen.
Doch auch wenn diese Wüste nicht den Kern allen christlichen Glaubens ausmacht, ist es doch wichtig, daß diese harte und mühsame Seite unseres Glaubens immer wieder einmal zur Sprache kommt. Es ist wichtig, daß wir daran erinnert werden, daß unser Glaube im tiefsten eben doch etwas anderes ist als ein frommer Schauer, etwas für das Gemüt, etwas zum Verehren, das größer ist als ich. Christlicher Glaube hat vielmehr diese harten Kanten, an denen man sich stoßen kann, verlangt die eigene schmerzliche Entscheidung, das Entweder – Oder. Christlicher Glaube kennt die „Nacht der Seele“, der man nicht ausweichen darf zugunsten frommer Selbstgenügsamkeit. All das muß immer wieder in Erinnerung gerufen werden, auch wenn es unseren Ohren und vor allem unserem Herzen wehtun mag.
Und für unseren Alltag des Glaubens, der ja wohl weitaus weniger dramatisch verlaufen wird, könnten wir lernen: Während wir selber vielleicht wieder einmal im ruhigeren Fahrwasser angekommen sind, wird es neben uns immer auch Menschen geben, die vom Geist in die Wüste geführt wurden, und die dort hungern. Ihnen tun wir wahrhaftig nichts Gutes, wenn wir sie mit ein paar frommen Sprüchen trösten wollten, denn sie reichen gewiß nicht zum Bestehen der Wüste. Wir tun ihnen nichts Gutes, wenn wir bei

ihnen mit der Selbstverständlichkeit unseres Glaubens hausieren gehen. Wir tun ihnen nichts Gutes, wenn wir zu suggerieren versuchen, daß, wer wirklich glaube, auch von Gott getröstet werde, immer und überall – denn das ist nicht wahr. Aus der Wüste soll niemand in selbstgewählten Trost flüchten, sondern bleiben, bis die Zeit abgelaufen ist.
Wenn wir selber unseres Glaubens gerade gewiß sind, könnten wir für jene in der Wüste eines tun: Wir könnten für sie beten, und vielleicht auch für uns selber gleich mit, die wir irgendwann wohl auch einmal wieder dort sein werden. Wenn ein solches Gebet aufrichtig wäre, würde es wie von selbst alle frommen Allgemeinplätze ersticken. Dafür würden wir daran erinnert: Das Gelobte Land liegt jenseits der Wüste, und nur wer den Weg durchstanden hat, wird es erreichen. Oder, wie Jesus es einmal sagte: „Das Himmelreich leidet Gewalt, und nur Gewalttätige reißen es an sich" (Mt 11,12).

Der Geist der Wahrheit

Ich hätte euch noch vieles zu sagen, doch das würde euch jetzt überfordern. Aber wenn der Geist der Wahrheit kommt, wird er euch in die ganze Wahrheit einführen. Was er euch sagen wird, hat er nicht von sich selbst, sondern er wird euch sagen, was er hört. Er wird von den kommenden Dingen reden. Er hört es von mir und gibt es an euch weiter. Auf diese Weise wird er euch meine Herrlichkeit zeigen. Alles, was der Vater hat, gehört auch mir. Darum konnte ich sagen: Was der Geist von mir hört, gibt er an euch weiter. (Joh 16,12–15)

Jedes Jahr, wenn Pfingsten vorbei ist, ist damit auch jener Abschnitt des Kirchenjahres beendet, in dem wir Jesus auf seinem Lebensweg unmittelbar begleiten, vom Warten auf ihn im Advent über seine Geburt, seine Taufe als Beginn des öffentlichen Wirkens und seine Versuchung in der Wüste, seine Predigten, seine Streitgespräche mit den Pharisäern, der Verrat des Judas, sein letztes Mahl mit den Jüngern, sein Prozeß, seine Kreuzigung – aber auch seine Auferstehung, Himmelfahrt und Geistsendung. Was dann beginnt, ist eine lange Reihe von Sonntagen, in denen getreu das Evangelium weitergesagt werden soll, Abschnitt für Abschnitt überdacht, ausgelegt und vor allem gelebt. Alles, was Jesus gesagt und getan hat, als er auf Erden mitten unter uns wohnte, soll lebendig vor unsere Augen gebracht werden, nichts davon soll verlorengehen, denn es ist kostbar: Gottes Wort für uns Menschen.
Freilich gilt es da gleich einem Mißverständnis zu wehren: Es mag uns manchmal so vorkommen, als sei mit Jesu Tod und Auferstehung und Himmelfahrt Gottes Reden zu uns Menschen zum Abschluß gekommen, Gottes Offenbarung zum Stillstand. Das bedeutet dann, daß man auf jede Frage die Antwort aus der Heiligen Schrift holen muß, auch wenn es sich um eine Frage handelt, die damals bestimmt noch nicht im Blickfeld der Menschen stand. Das Evangelium wird auf diese Weise fast zum Orakel, denn es muß auf jeden Fall antworten, auch wenn die Antwort, die am Ende herauskommt, unverständlich ist. Hat Jesus das wirklich so gewollt?

Doch es scheint, als hätte er diese Schwierigkeiten kommender Generationen vorausgeahnt, als ihm der Evangelist Johannes diesen Satz in den Mund legte: „Ich hätte euch noch vieles zu sagen - doch das würde euch jetzt überfordern. Aber wenn der Geist der Wahrheit kommt, wird er euch in die volle Wahrheit einführen."
Ich glaube, wir tun gut daran, genau hinzuhören, was Jesus da sagt: Noch vieles hätte ich euch zu sagen! Wenn ich euch nun mein Testament hinterlassen müßte, weil danach mein Mund für immer verstummt wäre – dann wäre noch unendlich viel euch auszurichten. Wenn mein Wort jetzt das letzte wäre bis in die Ewigkeit, dann müßte ich euch noch unendlich viel anvertrauen. Denn dann müßtet ja nicht nur ihr davon leben, sondern auch die kommenden Generationen, die einmal in einer Welt leben werden, deren Umrisse ihr noch nicht einmal ahnt. Und das würdet ihr nicht ertragen! Ihr würdet nicht verstehen, was ich einmal diesen Menschen in ferner Zukunft zu sagen habe. Ihr würdet mein Wort vielleicht aus Unkenntnis verstellt, verzerrt überliefern, und die Kommenden würden sich einen falschen Reim darauf machen. Es wäre wohl auch viel zu viel; ihr würdet ersticken unter der Last all meiner Worte, die ihr getreulich aufzeichnen und weitergeben sollt. Ich kann euch doch auch nicht die Verantwortung übertragen für die Menschheit in Jahrtausenden, ihr müßtet ja unter dieser Bürde ersticken!
Aber Gott sei Dank – ich brauche euch nicht alles zu sagen, was zu sagen wäre bis in Ewigkeit! Mein Mund verstummt nicht, wenn ich einmal nicht mehr so unter euch gegenwärtig sein werde, wie ich es war. Ich rede weiter, auch wenn ich nicht mehr in eurer Mitte bin. Denn der Geist wird kommen, der euch in die volle Wahrheit einführt; von dem, was ich euch sagen wollte, aber noch nicht sagen konnte, wird er reden. Die volle Wahrheit – das heißt nicht, daß zu irgendeiner Zeit die Wahrheit dann doch einmal zu Ende ausgesprochen wäre und nichts zu erwarten bliebe, sondern er wird euch in die Wahrheit einführen, die ihr jeweils braucht, um euer Leben mit dem Evangelium zu füllen, so, wie ich es gemeint habe. Ich werde immer dasein und werde mein Wort jeder Generation neu anvertrauen. Darum macht euch keine Sorge um künftige Zeiten! Der Geist ist ja bei euch, und er wird mein Wort weitersagen. Er ist

nahe euren Ohren und euren Herzen. Und seid gewiß: Er wird nichts „Neues“ verkünden, kein „anderes Evangelium“, sondern er wird weitersagen, was ich schon gesagt habe, wird auf dem Fundament aufbauen, daß ich gelegt habe.

So etwa könnten wir Jesu Worte verstehen, wie sie der Evangelist Johannes uns überliefert. Er möchte uns trösten, uns, die wir Jesus nicht mehr in unserer Mitte erleben, so wie die Jünger ihn einst erlebt haben, als Mensch unter Menschen. Für uns ist das Evangelium nicht einfach Vergangenheit, sagt Johannes, in sich abgeschlossen, so daß wir auf längst verflossene Zeiten zurückblicken müßten. Jesu Wort lebt weiter. Er selber lebt weiter, auf eine Weise zwar, die nicht so leicht begreiflich ist, nicht so augenscheinlich ist wie damals, als er in Israel lebte und predigte. Und darum hängt auch unser Glaube nicht an einem Buch, sondern am lebendigen Herrn selbst. Seine Gegenwart ist entscheidend, an ihr halten wir uns fest, suchen unsere Gewißheit, unseren Trost auch im Leben und Sterben. Vor ihm selbst müssen wir einmal uns verantworten in allem, was wir tun und lassen. Und darum wäre es auch so töricht, wenn einer beim Buchstaben der Bibel hängenbliebe und nichts anderes mehr gelten lassen wollte.

Freilich, eine Schwierigkeit hat dieser „Geist des Herrn“ schon an sich, und mit der müssen wir leben: Dieser Geist ist nicht so leicht zu erkennen, zu unterscheiden. Jesus selber, in seiner Leibhaftigkeit, war mit niemandem zu verwechseln; sein Wort, so wie es im Evangelium aufgezeichnet ist, steht da, ebenso unverwechselbar. Aber dieser Geist des Herrn weht, wo er will, und wir hören nur sein Rauschen, wissen aber nicht sein Woher und Wohin. Und im Laufe der Kirchengeschichte haben sich so manche auf den Geist des Herrn berufen und doch nur von sich selber geredet, von ihren eigenen Wünschen und Plänen. Wie also unterscheiden, ob der Geist des Herrn redet oder nur ein geltungssüchtiger Mensch? Jesus gibt uns einen Maßstab an die Hand: Er wird nicht von sich selber reden, sondern wird verkünden, was mein ist. Jesus selber bleibt der Maßstab. Nicht jedes einzelne Wort vielleicht, wohl aber, was ihn im tiefsten Herzen wichtig war, ihn beseelte.

Und diesen Maßstab müssen wir selber verantwortlich anwenden. Es wäre schlimm, wenn wir meinten, glauben bedeute zuallererst

den Kopf tief neigen und gleichzeitig jede Verantwortung abgeben. Wir würden dem Geist Gottes, der in unserer Mitte wehen will, mit einer solchen Haltung den Weg versperren. Und schließlich hat uns Jesus doch auch zugetraut, wir seien imstande, Gottes Geist von allen übrigen Geistern zu unterscheiden! Er hatte gemeint, es sei gut für uns, wenn er hingehe, damit sein Geist kommen kann.
Und dann ist er hingegangen, und er wird wiederkommen und Rechenschaft von uns verlangen; jedes Jahr am Ende der langen Reihe der Sonntage denken wir daran. Und vielleicht ist seine wichtigste Mahnung für diesen Tag der Rechenschaft: Löscht den Geist nicht aus.

Selig, die nicht sehen und doch glauben

Damals war Thomas, einer der Zwölf, der Zwilling genannt wurde, nicht bei ihnen, als Jesus kam. Die anderen Jünger sagten zu ihm: Wir haben den Herrn gesehen. Er entgegnete ihnen: Wenn ich an seinen Händen nicht die Nagelwunden sehe und ich meine Finger nicht in die Nagelwunden und meine Hände nicht in seine Seite lege, glaube ich nicht. Acht Tage darauf waren seine Jünger wieder in dem Raum, und Thomas war bei ihnen. Da kam Jesus bei verschlossenen Türen, trat in ihre Mitte und sprach: Friede sei mit euch. Darauf sagte er zu Thomas: Leg deine Finger hierher und sieh meine Hände; nimm deine Hand und leg sie in meine Seite und sei nicht ungläubig, sondern gläubig! Thomas antwortete ihm: Mein Herr und mein Gott! Jesus sprach zu ihm: Weil du mich gesehen hast, glaubst du. Selig, die nicht sehen und doch glauben. (Joh 20,24–29)

„Weil du mich gesehen hast, glaubst du – selig, die nicht sehen und doch glauben!" Mit diesem Satz faßt das Johannesevangelium all die Erfahrungen zusammen, die die Jünger nach Ostern mit dem Auferstandenen gemacht haben. Sie bezeugen, ihn gesehen zu haben, mit ihm gesprochen, gegessen und getrunken zu haben. Der Auferstandene hat sich ihnen gezeigt, und so sind sie zum Glauben gekommen. Und damit haben sie für ihren Glauben etwas erfahren, das den Gemeinden bereits fehlte, für die Johannes sein Evangelium schrieb. Denn schon eine Generation später hat niemand mehr die Chance gehabt, seinen Zweifel dadurch zu bekämpfen, daß er wie Thomas seine Hände in die Wundmale des Auferstandenen hätte legen können. Schon damals waren die Menschen darauf angewiesen zu glauben, ohne gesehen zu haben, ohne Sicherheit erlangt, den Zweifel durch Augenschein widerlegt zu haben. Und darum ging es wohl auch dem Evangelisten beim Schreiben dieser Zeilen: den Gemeinden klar zu machen, daß der Glaube erst so recht da beginnt, wo man auf den Augenschein, auf Beweise, auf Sicherheit verzichtet, und der Verkündigung glaubt. Daß das gar nicht so leicht ist, wissen wir vermutlich selber nur zu gut, und das Verhalten des Thomas ist nur zu verständlich. Es ist schwer, sein Leben auf etwas zu bauen, was man nicht bis ins letzte

überprüfen kann. Unsere Sprache verrät uns schon, wenn wir schnell einmal sagen, daß man dies und das nicht wissen, sondern „höchstens glauben“ könne. Die Versuchung des Thomas, nur zu glauben, was er selbst überprüfen konnte, ist eine urmenschliche Versuchung. Und immer wieder hat auch die christliche Kirche selbst in ihrer Verkündigung dieser Versuchung nachgegeben, etwa indem sie den Gläubigen suggerierte, auf welch wohlbewiesenen Tatsachen der Glaube beruhe. Die Älteren unter uns können sich wahrscheinlich noch daran erinnern: Da wurde in den Entlaßklassen der Schulen im Religionsunterricht vor allem Apologetik betrieben. Und Ziel dieser Apologetik war es in erster Linie, bei den Schülern den Eindruck zu erwecken, als sei alles, was die Kirche verkündet – oder zumindest fast alles – so eindeutig bewiesen, daß Glaube schließlich vor allem bedeutete, vor dieser Übermacht der Beweise zu kapitulieren. Ja, wer nicht glaubte, mußte wohl entweder dumm oder böswillig oder mit Blindheit geschlagen sein, wie jemand, der sich weigert zuzugeben, daß zwei und zwei stets vier und nie fünf ergibt. Und da, wo man mit Beweisen doch scheiterte, da zog man sich zurück auf die Unfehlbarkeit des Papstes, die eine Garantie ganz besonderer Art war, denn der Papst mußte es ja schließlich wissen, der hatte ja eine ganz besondere Beziehung zum Heiligen Geist. Und so wurde über den Glauben gesprochen, als gebe es da nur Antworten und keine Fragen.
Aber mitten in diesem Gestrüpp von Beweisen und Sicherheiten steht solch ein Satz im Johannesevangelium: „Selig, die nicht sehen und doch glauben!“ Selig, die keine Beweise haben oder deren Dürftigkeit durchschauen, selig, die keine Sicherheiten brauchen – und doch glauben. Selig, die es mit dem Evangelium wagen, sich darauf einlassen, auch wenn der Augenschein vielleicht sogar dagegen spricht. Selig, die verstanden haben, daß gerade die tiefsten Dinge des Lebens sich dem Beweis entziehen.
Vielleicht spüren wir es auch, welche Befreiung es bedeuten kann, wenn ein Mensch sich entschließt, für sich selber innerlich auf Beweise zu verzichten, sich nicht mehr abhängig davon zu machen, ob nun etwas eindeutig und glasklar definiert ist. Verzichten etwa auf die Sicherheit, die von dem Zauberwort „unfehlbar“ ausgeht, sondern sich suchend und fragend dem Glauben zu nähern. Das

Evangelium geht sogar noch einen Schritt weiter: Der Auferstandene kommt zwar dem Wunsch des Thomas nach Vergewisserung nach, er läßt ihn die Wundmale mit den Händen berühren. Doch in der Antwort Jesu: „Selig, die nicht sehen und doch glauben!“ klingt deutlich Tadel durch, wenn nicht mehr: Thomas hat mit seinem Verlangen nach Beweisen seine Seligkeit in Gefahr gebracht.
Was heißt das für uns? Wir sind ja ohnehin nicht mehr in der Lage, irgendeinen handgreiflichen Beweis zu verlangen für die Auferstehung, um dann zu glauben. Ja, all das, was den ersten Christen noch als Glaubenshilfe gegolten haben mag, daß sie selber Augen- und Ohrenzeugen sein konnten, all das gibt es ja für uns nicht mehr. Und darum wird solch ein Wunsch unter uns kaum noch erhoben werden. Aber ich meine, daß in diesen Zeilen auch eine Mahnung an uns steckt: nämlich den Wunsch nach Beweisen und Sicherheiten jedweder Art aus unserem Herzen zu reißen, den Versuch, den Glauben davon abhängig zu machen, daß da einer möglichst fest und sicher und markant seine Worte zu wählen weiß. Und wenn dieser Evangeliumstext gerade am Weißen Sonntag in unseren Kirchen gelesen wird, wenn Kinder zum ersten Mal an der Eucharistie teilnehmen, dann mag das bedeuten: Es ist gut, wenn wir bei der Hinführung unserer Kinder zum Glauben jene dogmatischen Formeln hintanstellen, die Generationen vorher noch auswendig hersagen konnten, weil sie falsche Sicherheit, falsches Bescheidwissen suggerierten. Und es ist gut, wenn Kinder stattdessen etwas erfahren davon, daß Jesus Brot für das Leben der Welt geworden ist, weil er nicht für sich selber gelebt hat und nicht für sich selber gestorben ist. Und daß wir Brot brechen und miteinander teilen, die offene Hand ausstrecken und empfangen, weil wir Ihn unter uns lebendig, gegenwärtig halten wollen, sein Leben nachvollziehen, Ihm entgegenhoffen wollen. Daß wir unser Heil sehen in Ihm, so wie Er gelebt hat, und in Gott, den Er seinen Vater nannte, daß wir glauben an Geben und Empfangen und Zusammengehörigkeit, an eine Neue Schöpfung, da Gott und Mensch Hand in Hand gehen.

Wir verkünden Christus den Gekreuzigten

Christus hat mich beauftragt, die Gute Nachricht zu verkünden. Wenn ich aber das Evangelium mit tiefsinnigen Erkenntnissen vermenge, wird der Tod, den Christus gestorben ist, um seine ganze Wirkung gebracht. Denn es kann nicht anders sein: Für die, die verlorengehen, muß die Botschaft vom Kreuzestod als Unsinn erscheinen. Wir aber, die gerettet werden, erfahren darin Gottes Macht. Gott hat doch gesagt: „Ich will die Weisheit der Weisen zunichte machen und den Verstand der Klugen verwerfen." Wo bleiben da die Philosophen, wo die Kenner der Heiligen Schriften, wo die gewandten Diskussionsredner? Was Menschen als letzte Weisheit bewundern, das hat Gott zu Unsinn gemacht!

Gewiß, Gott gab den Menschen die Möglichkeit, ihn mit Hilfe ihrer Vernunft zu erkennen. Aber sie haben davon keinen Gebrauch gemacht und haben es verschmäht, mit ihrer eigenen Weisheit Gott in seiner Weisheit zu erkennen. Darum beschloß Gott, die Menschen durch das zu erretten, was Weise für Unsinn halten: die Botschaft vom Kreuzestod. Wer sie annimmt, wird gerettet. Die Juden verlangen Wunder, die Griechen Erkenntnis. Wir aber verkünden, daß Christus, der Gekreuzigte, der Retter ist. Für die Juden ist das eine Gotteslästerung, für die Griechen ein Unsinn. Aber alle, die berufen sind, Juden, wie Nichtjuden, erfahren in Christus Gottes Macht und sehen in ihm Gottes Weisheit. Gott scheint hier gegen jede Vernunft zu handeln – und ist doch weiser als alle Menschen. Gott scheint schwach – und ist doch stärker als alle Menschen.

Schaut doch euch selber an, Brüder! Wen hat Gott denn da berufen? Kaum einer von euch ist doch ein gebildeter oder mächtiger oder angesehener Mann. Gott hat sich vielmehr die Einfältigen ausgesucht, weil er die Klugen demütigen wollte. Er hat sich die Machtlosen ausgesucht, weil er die Mächtigen demütigen wollte. Er hat sich die Geringen und Verachteten ausgesucht, die nichts gelten, denn er wollte die zu nichts machen, die vor den Menschen etwas sind. Niemand soll vor Gott mit irgendetwas auftrumpfen können.

Euch aber hat Gott zur Gemeinschaft mit Christus Jesus berufen. Der ist unsere Weisheit, die von Gott kommt. Durch ihn können wir vor Gott bestehen. Durch ihn hat Gott uns zu seinem Volk gemacht und von unserer Schuld befreit. Es sollte so sein, wie es schon in den Heiligen Schriften heißt: „Wer auf etwas stolz sein will, der soll stolz sein auf das, was der Herr getan hat." (1 Kor 1,17–31)

Wir verkünden Christus den Gekreuzigten – für viele ein Unsinn, für uns aber, die wir glauben, ist es Gottes Kraft. So schreibt Paulus an die Korinther, und so haben wir es schon oft gehört: ein altvertrautes, aber doch schwieriges Wort. Denn was bedeutet eigentlich dieses Kreuz, die Schwachheit und Torheit, die Paulus so hoch preist? Vielleicht wäre es gut, beim Nachdenken nicht mit diesem Text zu beginnen, sondern uns die Seligpreisungen Jesu ins Gedächtnis zu rufen: Da werden die Armen, die Sanften, die Barmherzigen, die Friedensstifter von Jesus gepriesen, da wird uns gesagt, welcher Maßstab für das Reich Gottes gilt. Da heißt es: Nicht die, die sich durchsetzen wollen, sind vor Gott groß, nicht die, die immer Recht behalten wollen, nicht die, die über eigenes und fremdes Leid großzügig hinwegsehen können, sondern die, deren Urteil milde ist, die auf die Durchsetzung ihres guten oder auch nur vermeintlich guten Rechtes verzichten können, die wissen, wie man einen Streit beendet. Und Jesus selbst hat ja in seinem Leben gezeigt, wie das alles gemeint ist: Er selber hat sich nicht durchzusetzen versucht, er hat den glimmenden Docht nicht gelöscht und das geknickte Rohr nicht gebrochen. Über die Stadt Jerusalem, die sich ihm immer mehr verschloß, hat er geweint, aber er hat nicht Feuer und Schwefel über sie herabgerufen. Er hat lieber den Weg ans eigene Kreuz angetreten, als daß er sich auf die Seite der Zeloten gestellt hätte, die das Volk mit Gewalt zur Einsicht, zum Heil zwingen wollten. Und das heißt eigentlich Kreuz: daß da einer verzichtet auf Stärke, auf Macht und Gewalt, freiwillig, nicht aus Schwäche, daß einer das Scheitern auf sich nimmt, lieber selber leidet, als andere in die Knie zu zwingen.
Und so meint Paulus auch seine Rede vom Kreuz: den Verzicht auf alles Großartige, Überwältigende, Machtvolle, und zwar nicht nur den Verzicht auf physische Gewalt, sondern auch auf Geistesgewalt, die den anderen zum Unterlegenen macht. Und wahrscheinlich spüren wir bei solchen Worten schon am Echo in unserem eigenen Herzen, warum Paulus dazu schreibt: Für viele ist das Unsinn, für die Geretteten aber ist es Gottes Kraft. Denn ver-

mutlich sind wir doch immer wieder hin- und hergerissen, ob wir uns darauf wirklich einlassen sollen. Solange das Leben in innerer und äußerer Harmonie verläuft, ist es natürlich leicht, sanftmütig zu sein und barmherzig. Solange unser gutes Recht nicht angetastet wird, ist es leicht, vom großzügigen Verzeihen zu träumen. Aber wenn dann die Schwierigkeiten kommen, wenn einer uns zu nahe tritt, wenn einer die Regeln verletzt, das Recht bricht – wer von uns hätte dann noch nicht in sich die Versuchung gespürt, dem anderen zu zeigen, wo die Grenze ist, wie weit man es mit uns treiben kann und wie weit nicht? Wer von uns hätte noch nie den Wunsch in sich gespürt, sich durchzusetzen, sein Recht zu verteidigen, Härte zu zeigen, Und wer von uns hätte in einer solchen Lage noch nie gedacht, daß die Rede: Selig sind die Sanftmütigen, selig sind, die sich lieber kreuzigen lassen, als sich durchzusetzen – daß diese Rede frommes, aber leider weltfremdes Geschwätz sei? Daß man im Leben eben mit den Wölfen heulen müsse, weil man sonst untergeht? Wer das noch nie gedacht, empfunden hat, der möge den ersten Stein werfen!
Aber dennoch: So schwer es uns auch erscheinen mag, dieses Wort von der „Torheit des Kreuzes" uns gesagt sein zu lassen, es gehört zum Evangelium, und zwar nicht nur an den Rand, sondern in die Mitte – so, daß einer gar kein rechter Christ sein könnte, wenn er meinte, darüber großzügig hinweghören zu dürfen. Da gelten keine noch so klugen Entschuldigungen, so etwas sei doch weltfremd, so könne man doch nicht leben, wo kämen wir denn da hin.
Aber etwas anderes, denke ich, gilt: nämlich, daß wir nachdenken, wie wir anfangen könnten, unser Leben in diese Richtung zu lenken. Denn es wäre gewiß nichts gewonnen, wenn wir übergroße Forderungen an uns selber aufstellten, unter denen wir dann gleich beim ersten Mal zusammenbrechen – entweder in der Überzeugung, daß wir selber eben nicht zum Christsein taugen, oder daß diese christlichen Forderungen unsinnig seien. Nein, wir müssen nachdenken, jeder für sich, wie wir anfangen können, auch wenn wir nicht alles gleich auf einmal so schaffen, wie es gemeint ist. Eine Richtung, ein Ziel ist uns gegeben, das wir nicht aus den Augen verlieren sollen, dem wir langsam, mühsam immer näher kommen sollen. Ein erster Schritt wäre sicher, alle Gewalt-

anwendung entschlossen aus dem eigenen Denken und Handeln zu verbannen, alles Träumen vom Recht des Stärkeren, alle Rache, alle Intrigen. Und zwar nicht nur die physische Rache, die physische Gewalt, sondern auch die geistige Gewalt, etwa die, mit der der Hochgebildete, der besser Informierte den einfachen Mann in Grund und Boden redet und in ihm das Gefühl erweckt, dumm und ungebildet zu sein. Auch die geistige Gewalt, die es dem Gewandten erlaubt, Tatsachen zu entstellen, zu manipulieren, Einblick zu verweigern, um so eine Zustimmung auf breiter Basis zu finden für die eigenen Interessen. Ein weiterer Schritt wäre sicher, auch auf die Drohung mit Gewalt zu verzichten, auf die Drohung mit Rache. Wer schnell bei der Hand ist, Gleiches mit Gleichem oder gar Schlimmerem zu vergelten, der hat selber nicht einmal das Einmaleins des Christentums gelernt.

Und es gibt ja auch schon manche, die so zu leben versuchen, und die bezeugen können: Das, was anfangs wie Unsinn aussah, das hat sich in unserem Alltag als tiefste Weisheit erwiesen. Man hatte uns gesagt, es sei dumm, auf Gewalt zu verzichten, wir würden sofort untergebuttert werden, aber wir haben es selbst erlebt: Nichts ist unbezwingbarer als die Gewaltlosigkeit. Wer das einmal erfahren hat, für den ist es auch keine schwere Last mehr, auf diesem Weg immer weiter zu gehen, das eigene Recht immer mehr zurückzustellen. Der erfährt, daß es sich lohnt, so zu leben. Daß das Evangelium nicht unser Menschsein zerbricht, indem es unerfüllbare Forderungen aufstellt, sondern uns verlockt zu Verhaltensweisen, auf die wir selber vielleicht nie gekommen wären.

Daß unter uns Menschen leben, deren Selbstvertrauen so untergraben ist, daß sie erst einmal lernen müßten, Widerstand zu leisten – das steht auf einem ganz anderen Blatt. Was uns das Evangelium vor Augen stellt, ist der Verzicht auf Macht, auf Durchsetzung, nicht aus Schwäche oder Krankheit, sondern Verzicht auf etwas, das einem sehr wohl zu Gebote stünde, wenn man nur wollte. Wer freiwillig auf Gewalt verzichtet, sich auf diesen Weg einläßt, der wird es auch erfahren, warum dieses Joch keine Last ist, warum alle, die so leben, seliggepriesen werden, warum gerade ihnen Gott sein Reich schenkt.

Selig die Sanftmütigen

Selig sind die Sanftmütigen, denn sie werden das Land besitzen. (Mt 5,5)

Die „Seligpreisungen" der Bergpredigt sind unter Christen wohl so etwas wie ein Bild, an dem wir die Wirklichkeit unseres Alltags vergleichen können mit dem, was Gottes Reich unter uns entstehen lassen möchte. Manche dieser Seligpreisungen leuchten wohl auch ganz unmittelbar ein, etwa die, daß die Barmherzigen Barmherzigkeit finden werden oder die Friedensstifter Söhne Gottes sind. Denn was würde aus unserer Welt, wenn sich niemand mehr kümmerte um die, die unter die Räuber gefallen sind, oder wenn niemand mehr wüßte, wie man einen Streit beendet? Mitten unter diesen Preisungen steht freilich auch eine, die immer wieder zu Mißdeutungen Anlaß gibt: Selig die Sanftmütigen.

Sanftmütig, mild – klingt das nicht nach einer stillen, freundlichen Gelassenheit, die sich durch nichts aus dem Gleichgewicht bringen läßt, nach einer inneren Ruhe, die den Menschen über den rauhen Alltag hebt? Das wäre dann eine Haltung, die sich nur einer leisten könnte, dem es wenigstens halbwegs gut geht – wem das Wasser bis an den Hals steht, der könnte sich eine solche Gleichmut wohl nicht erlauben!

Doch diese Seligpreisung, die anspielt auf einen Vers aus dem 37. Psalm, meint etwas ganz anderes. In dem Psalm, aus dem sie genommen ist, lesen wir:

Entrüste dich nicht über den Bösen,
und sei nicht zornig über den Übeltäter!

Vertrau auf den Herrn und tue, was gut ist,
wohne friedlich im Lande und übe Treue.

Sei still vor dem Herrn und harre auf ihn,
geh ab vom Zorn und laß den Groll.

Denn die Übeltäter werden vernichtet,
doch wer auf den Herrn harrt, erhält das Land.

Da spricht einer, dem angesichts der Schlechtigkeit dieser Welt es sehr wohl naheliegend erscheint, mit Zorn und Gewalttätigkeit loszuschlagen. Es ist eine urmenschliche Versuchung, in der Zeit des Alten und Neuen Testaments genauso wie bei uns heute, mit eiferndem Zorn anzugehen gegen das Böse in der Welt. Sich zu ereifern über die Übeltäter, sie am liebsten mit ihren eigenen Waffen zu schlagen, sie zu vernichten, damit Gerechtigkeit herrschen kann. Es lebt in uns Menschen stets der Wunsch, die Ordnung notfalls auch mit Gewalt wiederherzustellen, die von den Bösen verletzt wurde. Ketzerjagden und Heilige Kriege sprechen deutlich davon, daß solche Gedanken der Christenheit nicht fremd waren und wohl auch heute nicht sind.

Wenn nun aber gerade die Sanftmütigen seliggepriesen werden, dann meint das: Gott liebt den, der darauf verzichtet, mit Gewalt das Böse aus der Welt verbannen zu wollen, auch wenn es uns dazu noch so sehr in den Fingern juckt. Gott liebt die Geduldigen, die lieber die kleine Pflanze des Guten hüten und pflegen als den Baum des Unheils auszureißen. Gott liebt diejenigen, die die Hoffnung nicht aufgeben, die warten können auf sein Reich. Er liebt alle, die glauben, daß sein Reich nicht von einem Tag auf den anderen unter uns anbrechen wird, sondern heranwachsen muß bis zur Vollendung.

Jesus hat sich selber auch gesehen als einen, der mild ist und sanftmütig: „Kommt her zu mir ihr alle, die ihr mühselig und beladen seid, ich will euch Ruhe geben. Lernt von mir, denn ich bin milde und sanftmütig von Herzen." Und er hat versucht, vorzuleben, wie er das alles meint; an ihm können wir es ablesen: vergeben – siebzig mal sieben mal, unbegrenzt also. Das mag eine Haltung sein, die mehr innere Stärke verlangt, als lauthals nach Gerechtigkeit zu schreien und das Böse mit Stumpf und Stiel auszurotten. Denn da wird von uns verlangt, jeden Rachegedanken aus dem Herzen zu verbannen, so naheliegend er auch sein mag. Da wird verlangt, das letzte Urteil Gott zu überlassen und nicht unsere Vorstellungen von Gerechtigkeit mit dem Gottesrecht zu verwechseln. Da wird verlangt, selbst das Unverzeihliche noch zu verzeihen – nicht aus Schwäche, sondern aus der Stärke, die Geduld und Hoffnung zu verleihen vermögen.

Wer einfach alles laufen läßt, weil ihn der Gang der Welt nicht interessiert, ist meilenweit von dieser Seligpreisung entfernt. Wer den Kopf in den Sand steckt, weil er sich für nichts wirklich einsetzen will, der kann sie wahrhaftig nicht für sich in Anspruch nehmen. Aber wer einen klaren Blick hat für das Böse in der Welt und sich doch nicht hinreißen läßt zur Gewalt, der hat diese Seligpreisung auf seiner Seite. Wer weiß, wie viel zu ändern wäre an unserer Erde und doch nicht Feuer und Schwefel über sie herabruft, sondern geduldig, Schritt für Schritt, an die Änderung der Zustände geht, der hat etwas begriffen von dieser Mahnung Jesu.

Damit steht diese Seligpreisung in der Nähe einer anderen, die auch immer wieder mißdeutet wird, nämlich: „Selig, die reinen Herzens sind, denn sie werden Gott schauen." „Reinen Herzens" ist man nicht, wenn man sich frei weiß von jeder Sünde, insbesondere natürlich von jeder Sünde gegen das sechste Gebot. Sondern: reinen Herzens ist einer, der arglos ist, der anderen zuerst einmal Gutes zutraut, der das eigene Mißtrauen hintanstellt, der sich nicht ständig fürchtet, daß die eigene Güte mißbraucht werden könnte. Reinen Herzens ist einer, der dem anderen offen und freundlich begegnet, der nicht immer nur abwartend auf der Lauer liegt, sondern davon ausgeht, daß in dem anderen Gutes verborgen ist, das offenbar werden, sich entfalten möchte.

Diese Seligpreisung scheint mir auch für uns heute wichtig. Sie ist wichtig gerade für all jene, deren Blick geschärft ist dafür, wie viel sich ändern müßte in unserer Welt, damit das Leben lebenswert bleibt, sie ist wichtig für alle, die leiden, weil sie so wenig Fortschritt sehen zum Guten hin. Denn sie bietet Halt gegen die manchmal fast übermächtige Versuchung, sich doch hinreißen zu lassen zu Gewalt. Manch einer, dessen Herz zu Recht voll ist von Zorn und Empörung darüber, was wir Menschen aus dieser Erde gemacht haben, könnte an ihr Kraft finden, um doch die Rache aus dem Herzen zu verbannen. Denn nur die Sanftmütigen werden die Erde dem Reich Gottes ein Stück näher bringen, nach dem sich doch viele so sehr sehnen.

Von der Begeisterung und von der Nüchternheit

Als sich Jesus mit seinen Jüngern Jerusalem näherte und nach Betfage am Ölberg kam, schickte er zwei von ihnen voraus. Er sagte zu ihnen: Geht in das Dorf, das vor euch liegt. Dort werdet ihr eine Eselin angebunden finden und ein Füllen bei ihr. Bindet sie los und bringt sie mir. Wenn euch jemand zur Rede stellt, dann sagt: Der Herr braucht sie, er wird sie aber bald zurückschicken. Das ist geschehen, damit sich das Wort des Propheten erfüllte: Sagt der Tochter Zion: Sieh, dein König kommt zu dir. Er ist friedfertig, er reitet auf einem Esel und auf einem Fohlen, dem Jungen eines Lasttiers. Die Jünger gingen und taten, was Jesus ihnen aufgetragen hatte. Sie brachten die Eselin und das Fohlen, legten ihre Kleider auf sie, und er setzte sich darauf. Viele Menschen breiteten auf dem Weg ihre Kleider aus, andere schnitten Zweige von den Bäumen und streuten sie auf die Straße. Die Leute, die vor ihm hergingen und ihm nachfolgten, riefen: Hosanna dem Sohne Davids! Gepriesen sei, der im Namen des Herrn kommt. Hosanna, Gott in der Höhe! Als er in Jerusalem einzog, geriet die ganze Stadt in Bewegung und man fragte: Wer ist das? Die Leute sagten: Das ist der Prophet, Jesus von Nazareth in Galiläa. (Mt 21,1–11)

Mit der Begeisterung ist es so eine Sache. Eben noch haben die Leute „Hosianna!" gerufen, und wenige Tage später werden sie schreien: „Kreuzige ihn!" Eben noch haben sich die Leute Kleider vom Leib gerissen, um dem Messias-König einen triumphalen Einzug nach Jerusalem zu bereiten, und wenig später, als Jesus dann vor Gericht steht, heizen sie die Stimmung sogar an, damit ja kein Freispruch zustande kommt. Ist das nun einfach Wankelmut, gar Bestechlichkeit, oder steckt da doch noch etwas anderes dahinter?
Sicher, wir wissen es nicht, ob es immer die gleichen Menschen waren, die jene Volksmenge bildeten, von denen die Evangelien berichten; manch einer, der beim feierlichen Einzug Jesu dabei war, mag bei seinem Prozeß bedrückt und resigniert zu Hause geblieben sein. Aber wahrscheinlich haben doch viele der Leute, die Jesus in Jerusalem so enthusiastisch empfangen haben, ein ganz bestimmtes Bild gehabt von dem, was er nun sagen und tun,

wer er nun sein müßte. Denn durch diesen Einzug auf einem Esel wurden Hoffnungen geweckt, Hoffnungen auf einen Messias-König, von dem die Propheten gesprochen hatten, Hoffnungen auf einen, der das Volk erlöst aus der Knechtschaft, der Israel wiederherstellt. Und als in den nächsten Tagen für jeden ganz deutlich wurde, wie wenig Jesus in dieses Bild vom Messias-König hineinpaßte, und damit auch in das Bild vom Revolutionär gegen die römische Besatzungsmacht, da schlägt die Begeisterung um in Enttäuschung. Und aus der enttäuschten Begeisterung wird Ablehnung, wird Zorn; sie macht blind dafür, wer Jesus nun eigentlich war und sein wollte.

Ein wenig erinnert diese Szene an das Gleichnis vom vierfachen Acker, das uns gleichfalls der Evangelist Matthäus erzählt. Da heißt es: Einiges von dem Samen fiel auf felsigen Grund; der Same ging zwar rasch auf, aber als die Sonne hervorkam, vertrockneten die Pflanzen, weil sie nicht genügend Erde hatten. So geht in der Begeisterung eine Saat rasch auf, da ist man bereit, alles zu tun, alles zu überwinden, da meint man, man könne über jeden Graben springen. Aber wenn dann die Last und Hitze des Alltags kommt, da schmilzt die Begeisterung weg wie Märzenschnee. Und nichts bleibt zurück als Enttäuschung, als Leere und Verdrossenheit, die nur zu rasch umschlagen kann in Ablehnung und Zorn.

Und so ist die Begeisterung zwar, denke ich, eine gewaltige Antriebskraft für den Anfang, aber wenn sie nicht bald übergeht in besonnene Nüchternheit, dann ist sie zu nichts mehr nütze, dann kann sie sogar gefährlich werden. Denn sie bringt uns in die Versuchung, nicht anders zu reagieren als die Leute von Jerusalem, die ihrer Enttäuschung nicht Herr werden konnten und Jesus das büßen ließen. Und darum wäre es wohl gut, wenn wir aller Begeisterung gegenüber einen klaren Kopf und ruhiges Blut bewahren würden, wenn wir uns selber zur Besonnenheit anhielten. Gerade auch da, wo es um den Glauben geht, helfen großartige Bekenntnisse und Gelöbnisse und Treueschwüre nicht weiter, mögen sie auch noch so gewaltig klingen. Denn ob jemand wirklich glaubt, das zeigt sich erst dann, wenn wieder der Alltag eingezogen ist und die großen Worte dahingeschmolzen sind. Wenn es darum geht, treu und geduldig zu tun, was einem aufgetragen ward.

Diese Treue und Geduld aufzubringen, ist sicher nicht leicht, und manchmal mag die Erinnerung an begeisternde Stunden vielleicht auch eine Stütze sein, um doch durchzuhalten. Und da liegt auch der eigentliche Wert der Begeisterung, daß sie so etwas sein kann wie ein Stützpfeiler. Aber ein Weg kann sie nie sein. Der Weg beginnt da, wo einer aus dieser Erfahrung der Begeisterung heraus versucht, seinen Alltag anders zu leben: zu leben aus einer Liebe heraus, die langmütig ist und geduldig, die nicht nur auf das eigene Wohl bedacht ist, die alles erhofft und alles verzeiht. Zu leben aus einer Liebe heraus, der es nicht darauf ankommt zu strahlen und zu glänzen, sondern die sich bereitwillig abnutzen läßt wie eine kleine Münze, die von Hand zu Hand wandert, einer Liebe, die dem Kleinen und Gebeugten sich zuwendet.
Wer so lebt, dem mag es auch leichter fallen, der Versuchung zu widerstehen, die Enttäuschung umschlagen zu lassen in Ablehnung und Zorn. Der braucht sich wohl nicht so sehr davor zu fürchten, er selber könne sich irgendwann einmal wiederfinden im Chor derer, die da schreien: „Kreuzige ihn!" Der wird, wenn er das Unheil schon nicht aufhalten kann, sich lieber an den Rand des Kreuzweges stellen, um wie Veronika Jesus das Schweißtuch zu reichen, oder er wird wie Simon von Cyrene ihm eine Weile das Kreuz nachtragen.

Wenn du nach rechts willst, geh ich nach links

Von Ägypten zog Abram in den Negeb hinauf, er und seine Frau mit allem, was ihm gehörte, und mit ihm auch sein Neffe Lot. Abram hatte einen sehr ansehnlichen Besitz an Vieh, Silber und Gold. Er wanderte von einem Lagerplatz zum anderen weiter, von Negeb bis nach Bet-El, bis zu dem Ort, an dem anfangs sein Zelt gestanden hatte, zwischen Bet-El und Ai, dem Ort, wo er früher den Altar erbaut hatte. Dort rief Abram den Namen des Herrn an.
Auch Lot, der mit Abram gezogen war, besaß Schafe und Ziegen, Rinder und Zelte. Das Land war aber zu klein, als daß sie beide nebeneinander sich hätten ansiedeln können; denn ihr Besitz war zu groß, so konnten sie sich nicht miteinander niederlassen. Zwischen den Hirten Abrams und den Hirten Lots kam es zum Streit; auch siedelten damals noch Kanaaniter und Perisiter im Land. Da sagte Abram zu Lot: Zwischen mir und dir, zwischen meinen und deinen Hirten soll es keinen Streit geben; wir sind doch Brüder. Liegt nicht das ganze Land vor dir? Trenn dich also von mir! Wenn du nach links willst, gehe ich nach rechts; wenn du nach rechts willst, gehe ich nach links. Laß uns auseinandergehen, denn wir sind doch Brüder. Da wählte Lot sich die ganze Jordangegend aus. Er brach nach Osten auf und sie trennten sich voneinander. (Gen 13,1–11, etwas gekürzt)

Da wird uns eine recht alltägliche Geschichte aus den Anfängen Israels erzählt: Die Herden von Abraham und Lot wachsen immer mehr, so daß allmählich der Weidegrund zu knapp wird. Es gibt die ersten Schwierigkeiten zwischen den Hirten der beiden; man beginnt, sich um die saftigsten Wiesen und die wasserreichsten Brunnen zu streiten. Ein Problem, das bei viehzüchtenden Nomaden immer wieder auftaucht, beginnt den Familienfrieden zu bedrohen, denn sehr leicht könnte der Streit der Hirten übergreifen auf Abraham und Lot selber, und dann wäre die Eintracht in ernster Gefahr. Es gibt nur eine Lösung: Man kann in Zukunft nicht mehr so eng beieinander wohnen, man muß vielmehr soviel Abstand halten, daß jeder Raum genug für seine eigenen Herden bekommt. Bemerkenswert erscheint mir vor allem der Satz: „Laß uns auseinandergehen, denn wir sind doch Brüder!“ Hier dienen einmal die Bande der Familie nicht dazu, um das Beieinanderbleiben zu beschwören, sondern im Gegenteil: Gerade weil sie Brüder sind, soll es doch keinen Streit zwischen ihnen geben. Gerade weil sich Brüder doch nicht befeinden sollen, müssen sie nun ihre eigenen Wege gehen, jeder sein eigenes Weideland suchen. Blieben sie beieinander, gäbe es bald Auseinandersetzungen, und darum verlangt es die gebotene Eintracht unter Brüdern, auf Distanz zu gehen. Brüder müssen nicht um jeden Preis beieinanderbleiben, Familien sollen nicht wie Kletten aneinanderhängen; es wäre schlimm, begänne man lieber einen Streit, als daß jeder seine eigenen Wege geht. So viel Selbständigkeit muß erhalten bleiben – gerade weil es doch unter Brüdern keinen Zank geben soll.

An diese Geschichte muß ich immer wieder denken, wenn ich höre von Spannungen und rivalisierenden Gruppierungen innerhalb einer Kirche und auch manchen Vorgängen zwischen christlichen Kirchen. Wer sich nur ein wenig in der Kirchengeschichte auskennt, weiß nur zu gut, daß es solche Spannungen innerhalb einer Kirche immer wieder gegeben hat. Etwa dann, wenn sich in der Kirche die Überzeugung durchgesetzt hatte, es müsse einiges erneuert werden, man müsse die kirchlichen Traditionen, die Erklärung des Glaubens an die eigene Zeit anpassen, gab es stets Gruppierungen, die sich dagegen wandten. Die meinten, es dürfe sich nichts ändern, jede Anpassung sei Verrat am Evangelium. Menschen, die es nicht ertragen konnten, die Kirche in die Menschheitsgeschichte hinein verwoben zu sehen, die manchmal sogar naiv genug waren zu glauben, der augenblickliche Stand der Dinge sei genau der wie zu Zeiten der Urkirche, und die durch kein Argument sich davon abbringen ließen. Das hat es zu allen Zeiten in der Christenheit gegeben und wohl auch innerhalb aller christlichen Kirchen.

Und der Vergleichspunkt mit der Geschichte von Abraham und Lot? Da sind zwei, die zusammengehören und doch sich gegenseitig ins Gehege kommen, zwei, die beieinander leben und doch so schlecht Frieden miteinander halten können, weil es immer wieder zu Übergriffen kommt. Bei uns Christen sieht das oft so aus,

daß jeder auf den anderen schielt, was der wohl tue, daß niemand die innere Freiheit hat, den anderen gewähren zu lassen. Und so beginnt man, sich aneinander wundzureiben. Was soll man tun? Natürlich könnte man sagen: Wir sind keine Brüder mehr, mein Gott ist nicht mehr dein Gott, man könnte das Tischtuch zerschneiden und auseinandergehen. Man könnte sich aus dem Hinterhalt gegenseitig bespitzeln und Angriffsflächen suchen, man könnte in das Terrain des anderen einzudringen und Beute – Bekehrungsbeute – zu machen versuchen. Man könnte aber auch, wie Abraham und Lot, in Weisheit konstatieren: Gerade weil wir Brüder sind, dürfen wir es nicht zulassen, daß Schwierigkeiten zwischen uns beiden unsere Familienbande zerreißen. Wenn uns das Zusammenleben im Augenblick so schwerfällt, laßt uns lieber auf Distanz gehen, gerade weil wir doch Brüder sind, unter denen es keinen Streit geben soll. „Gehst du zur Rechten, so geh ich zur Linken. Laßt uns auseinandergehen, denn wir sind doch Brüder."
Ähnlich scheint es mir zu sein in manchen Auseinandersetzungen, die christliche Kirchen untereinander führen. Sie sind Brüder, sie sind einander so nahe, gewiß, aber sie reiben sich auf an dem wenigen, was sie trennt, der eine kontrolliert und kommentiert unentwegt, was der andere tut. Und natürlich tut er es nicht so, wie man es sich aus seinem eigenen Blickwinkel heraus wünschte, und so fallen immer wieder verletzende Worte. Dabei lehrt die Kirchengeschichte, daß die meisten Streitigkeiten, die sowohl zu Spannungen innerhalb einer Kirche als auch zu Trennungen zwischen den Kirchen geführt haben, schon nach wenigen Generationen sich ganz anders darstellen. Meist erkennt man früher oder später recht deutlich, wie zeitgebunden die Auseinandersetzungen waren, daß manche von selbst gegenstandslos geworden sind, daß andere sich durch geduldiges Aufeinanderzugehen klären lassen. Eigentlich könnte man wieder in Frieden beieinander leben.
Aber in der Zwischenzeit ist etwas anderes geschehen: Jede Gruppe hat gemeint, sich profilieren zu müssen, und traurigerweise das oft genug getan dadurch, daß sie die Andersdenkenden beschimpft und verunglimpft hat. Da nennt man den anderen einen Ketzer, einen Abtrünnigen, jemanden, der die Kirche zerstört, indem er sie dem Zeitgeist ausliefert, und was es an häßlichen Worten mehr

gibt. Diese Worte aber sind es, die später ein Wiederaufnehmen alter Familienbeziehungen so schwer machen. Der Vorwurf, „die anderen" hätten das Evangelium Jesu Christi verraten, trifft schwer; wer die tiefsten Glaubensüberzeugungen eines anderen lächerlich macht oder verächtlich, der verletzt die anderen an einer empfindlichen Stelle; das wiedergutzumachen, ist nicht so leicht. Darum scheint es mir gut, die Mahnung Jesu zu bedenken: „Über jedes unnütze Wort, das ein Mensch spricht, wird er sich am Tage des Gerichtes verantworten müssen" (Mt 12,36). Diese Mahnung sollte uns vorsichtig umgehen lassen mit Urteilen und Unterstellungen und erst recht mit Verleumdungen. Auch wenn wir es nicht verstehen können, was andere meinen tun zu müssen, wie sie beten und ihren Glauben bekennen und leben – es sind unsere Brüder. Vielleicht wäre es wirklich besser, wir gingen einander dann für eine Weile aus dem Wege, so daß man nicht immer den anderen vor Augen hat mit seinem unverständlichen Verhalten. Solange man sich als Brüder anerkennt, darf man ruhig um des Friedens willen etwas Abstand suchen. Jedenfalls ist dieser Abstand besser als das Aussprechen böser Worte, die wie Steine zwischen den Brüdern liegenbleiben. Diese Steine könnten einmal zu einem hohen Wall werden, der wirklich trennt. Und Generationen nach uns müßten all diese Steine erst wieder wegräumen, damit sie den Weg zueinander wiederentdecken. Vielmehr sollte jeder tun, was an ihm liegt, um den Frieden zu bewahren, damit das, was als Schwierigkeit unter Brüdern begann, nicht endet als Streit unter Feinden.

Von der Dankbarkeit

Auf dem Weg nach Jerusalem zog Jesus durch das Grenzgebiet von Samaria und Galiläa. Als er in ein Dorf hineingehen wollte, kamen ihm zehn Aussätzige entgegen. Sie blieben in der Ferne stehen und riefen: Jesus, Meister, hab Erbarmen mit uns! Als er sie sah, sagte er: Geht, zeigt euch den Priestern! Und während sie zu den Priestern gingen, wurden sie rein. Einer von ihnen aber kehrte um, als er sah, daß er geheilt war; und er lobte Gott mit lauter Stimme. Er warf sich vor den Füßen Jesu zu Boden und dankte ihm. Dieser Mann war aus Samarien. Da sagte Jesus: Es sind doch alle zehn rein geworden. Wo sind die übrigen neun? Ist denn keiner umgekehrt, um Gott zu ehren, außer diesem Fremden? Und er sagte zu ihm: Steh auf und geh! Dein Glaube hat dir geholfen. (Lk 17,11–19)

Zum Herbst gehört der Erntedank. Überall auf der Welt ist es so, kaum ein Land, ein Volk, eine Religion, die daran vorüberginge. Überall auf Erden machen Menschen die gleiche Erfahrung:
„Wir pflügen und wir streuen den Samen auf das Land,
doch Wachstum und Gedeihen sind nicht in unsrer Hand."
So haben wir es schon als Kinder gelernt. „Wir pflügen und wir streuen den Samen auf das Land" – und wir tun noch einiges mehr. Wer sich nur ein wenig in der Landwirtschaft auskennt, weiß, was das für eine harte Arbeit ist, bis der Boden bereitet ist für die Saat, und was danach noch alles kommt. Jede Rübe muß gehackt und geeinzelt werden, in den Weinbergen muß das herabgespülte Erdreich nach jedem heftigen Regenguß wieder nach oben transportiert werden, der richtige Zeitpunkt für die Heuernte muß abgepaßt werden – so vieles gibt es zu tun. Aber ob am Ende eine gute Ernte eingebracht wird oder nicht, das liegt nicht in unserer Hand. Ob ein verspäteter Nachtfrost die Blüten erfrieren läßt, ob der Hagel alles niederschlägt, ob Regen zur Unzeit die Felder unter Wasser setzt – wir müssen es nehmen, wie es kommt. Wir erleben, daß wir abhängig sind. Und darum sprechen wir am Ende des Jahres unseren Dank aus, daß alles gut oder wenigstens halbwegs gut gegangen ist. Niemand wird hungern müssen, das Leben wird weitergehen: Lasset uns danken.

Und dieser Dank geht uns meist leicht über die Lippen. Es fällt uns nicht schwer zuzugeben, daß wir nicht alles in eigene Regie nehmen können, daß wir angewiesen sind auf einen anderen. Abhängig zu sein von Gott, das ist für uns Menschen geradezu selbstverständlich; es scheint, daß wir daraus kein großes Problem machen. Wir vergeben uns nichts, wenn wir dem allmächtigen Schöpfer danken für etwas, das wir selbst nicht hätten machen können.

Aber mit dem Danken untereinander ist es anscheinend etwas ganz anderes. Immer wieder hört man von einem Menschen, der eigentlich gut die Hilfe anderer brauchen könnte, er wolle nicht darum bitten, weil er niemandem „Danke!" sagen möchte. Man möchte nicht lästig fallen, aber man möchte auch nicht abhängig sein. „Ich möchte niemandem dankeschön sagen müssen!" – wer hätte den Satz noch nicht gehört? Und dann frage ich mich, was denn am Danken eigentlich so furchtbar ist. Ist es so schwer, die Maske abzulegen und zuzugeben, daß ich selber etwas nicht kann, was ein anderer sehr wohl für mich tun könnte? So schwer, auch vor mir selber zuzugeben, daß ich abhängig bin? Es ist schlimm um Menschen bestellt, die sich in ihr Schneckenhaus verkriechen, die lieber auf manches im Leben verzichten, als daß sie jemanden darum bitten, der diese Bitte mit leichtem Herzen und kleiner Mühe erfüllen könnte.

Denn wir Menschen leben ja ohnehin in einem großen Gefüge gegenseitiger Abhängigkeit, nur denken wir oft nicht daran. Weil wir für viele Dienstleistungen bezahlen, meinen wir, durch unser Geld doch noch unabhängig zu sein. Als ob je die Dienstleistung eines anderen für uns zu bezahlen wäre! Niemand kann einen anderen Menschen kaufen, kann ihn so bezahlen, daß er nicht mehr „danke!" sagen müßte.

Was hat es nun mit dem Danken in der Geschichte von der Heilung der zehn Aussätzigen auf sich? Aussätzige, das sind Menschen, die um ihrer Krankheit willen aus jeder menschlichen Gemeinschaft ausgeschlossen wurden, weil man die Ansteckung fürchtet. Das Evangelium berichtet, daß Jesus zehn von ihnen, die ihn um Hilfe anriefen, von ihrem Aussatz heilte und sie dann, getreu dem Gesetz des Mose, zum Priester schickte. Der Priester, das war damals eine Art Kontrollinstanz, der die höchst seltene Heilung eines Aussätzigen beglaubigen mußte, damit der ehemals Kranke wieder in sein Haus, seine Familie zurückkehren durfte. Nur wenn der Priester es erlaubt hatte, weil er sich selber davon überzeugt hatte, daß die Krankheit wirklich verschwunden war, durfte man ins allgemeine Leben zurückkehren; hatte man diese Erlaubnis, mußte man freilich auch wieder aufgenommen werden, mußten die anderen den ehemals Kranken wieder aufnehmen. Ein ungemein wichtiger Weg also, dieser Weg zum Priester. Und dennoch kehrte einer von den zehn noch um, weil er erst Jesus für die Heilung danken will. Und diesem einen sagt er: Dein Glaube hat dich gerettet.

Wie sollen wir das verstehen? Sind nicht alle zehn gerettet worden, sind nicht alle zehn wieder rein? Was trägt der Dank noch weiter zur Rettung dieses einen bei, eines Samariters übrigens, eines Menschen, der nicht zum Volk Israel gehörte, eines Irrgläubigen also? Wenn wir nicht davon ausgehen wollen, daß der Evangelist sich mit diesem Schlußsatz etwas unglücklich ausgedrückt und uns auf eine schwierige Fährte gesetzt hat, könnten wir uns die Bedeutung des Dankes wohl so erklären: Geheilt sind alle zehn, gewiß, und Jesus ist kein rachsüchtiger Zauberer, der, empört über den fehlenden Dank, den übrigen neun noch etwas Böses nachschickt und so nur den einen wirklich rettet. Nein, geheilt sind alle zehn. Aber der eine, der da zurückkehrt, um Jesus zu danken, zeigt damit, daß er wirklich immer noch oder schon wieder fähig ist, in der Gemeinschaft von Menschen zu leben. Er, der eine Weile ausgestoßen war und niemanden mehr hatte, dem er je hätte „danke" sagen können, er hat diese Fähigkeit nicht verlernt. Er ist in seinem tiefsten Wesen unversehrt Mensch geblieben.

Die anderen nun, wie mag es ihnen ergehen, wenn sie nun zurückkehren? Ein Aussätziger, ganz auf sich gestellt, immer allein, führt einen rücksichtslosen Kampf ums Überleben. Dank kennt er nicht mehr, denn er ist ja für sein Dasein allein verantwortlich. Werden diese neun nun in ihrer Familie in diesem Stil weiterleben? Werden sie sich rücksichtslos durchzusetzen versuchen, versuchen, nachzuholen, was die Jahre der Krankheit ihnen versagt haben? Aber dann werden sie nicht wirklich in die Gemeinschaft der

Menschen aufgenommen werden, dann bleiben sie „draußen“, obwohl sie doch wieder „drinnen“ sind, denn wer will schon mit solchen Menschen zu tun haben?! Aber der zehnte, der noch zu danken weiß, er wird sich zurechtfinden können unter Menschen, ihn wird man wieder aufnehmen können, für ihn kann das Leben weitergehen.
Es ist gut, Gott immer wieder zu danken für das, was er in unserer Mitte für uns tut. Aber Jesus lehrt uns, auch unter uns Menschen die Kultur des Dankens hochzuhalten. Menschen verkommen, wenn einer nicht mehr vom anderen abhängig sein will. Und wenn es unter uns auch um weitaus Geringeres geht als um die Heilung von sonst unheilbarer Krankheit, wenn es auch meist um nicht mehr geht als um eine kleine Gefälligkeit – das Wort „danke“ macht uns zu Menschen, so wie Gott uns Menschen gemeint hat.

Öffne mir die Augen für das Wunderbare an deiner Weisung (Ps 119)

Verliebt in Gottes Gebot?

Wohl denen, deren Weg ohne Tadel ist,
die leben nach der Weisung des Herrn.

Wohl denen, die sich an seine Vorschriften halten,
die ihn suchen von ganzem Herzen.

Denn wenn ich auf deine Weisung schaue, Herr,
kann ich nicht scheitern.

Öffne mir die Augen
für das Wunderbare an deiner Weisung.

Gib mir Einsicht, ihr zu folgen,
mich an sie zu halten von ganzem Herzen.

Deine Gesetze singe ich, wie man ein Lied singt,
während des Lebens in dieser Fremde,

und des Nachts denke ich an dich, Herr,
und halte mich an dein Gebot.

Deine Hände haben mich gestaltet, geformt,
so unterweise mich auch, daß ich deine Gebote halte.

Denn was du geredet hast, bleibt in Ewigkeit,
deine Wahrheit gilt für alle Zeiten.

So wie du die Erde begründet hast, so besteht sie,
denn alles ist dir dienstbar.

Wäre dein Gebot nicht mein Halt,
ich wäre gestrauchelt in meinem Elend.

So aber ist eine Leuchte für meinen Fuß dein Wort,
ein Licht auf meinem Weg.

Und ich liebe über alles dein Gebot
um der Gerechtigkeit willen, die von ihm ausgeht.

Großen Frieden haben, die deine Weisung lieben,
sie werden nicht straucheln in Ewigkeit. (aus Ps 119)

Er mag für unsere Ohren wirklich fremd klingen, dieser Psalm. Da spricht einer, als wäre er geradezu verliebt in Gottes Gebot, könnte sich nichts Schöneres vorstellen, als darüber nachzusinnen, es zu preisen und zu besingen und natürlich auch mit allen seinen Kräften zu halten. Anscheinend ist die damalige Zeit ganz anders gewesen als unsere heutige. Denn haben nicht gerade Menschen, die es wirklich ernst meinen mit ihrer Verantwortung, es in unserem Jahrhundert schmerzlich lernen müssen, vorsichtig umzugehen mit Geboten und Anordnungen, sich nicht blindlings irgendeiner Ordnung zu unterwerfen, die jemand anpreist? Sind nicht gerade wir Deutschen gebrannte Kinder, wenn es um Gehorsam geht? Denn es ist im Namen des Gehorsams unendlich viel Leid über Unschuldige gebracht worden, und viel zu wenige hatten den Mut, ungehorsam zu sein. Und die Frage ist durchaus berechtigt, ob all die anderen, denen dieser Konflikt erspart blieb, in der Bedrängnis nicht auch für den Gehorsam gegen die Entscheidung des eigenen Gewissens gehandelt hätten. Was kann darum ein solcher Psalm für uns Heutige noch bedeuten?
Ich meine, die Antwort ist zu finden in dem Psalmvers: „Ich liebe über alles dein Gebot um der Gerechtigkeit willen, die von ihm ausgeht." Nicht etwa: Ich liebe dein Gebot um der Ordnung willen, die dann herrscht, um der klaren Verhältnisse willen, die dann geschaffen sind. Nicht: Ich liebe dein Gebot, weil es so leichter ist, Kinder zu erziehen und Jugendliche bei der Stange zu halten, weil es sich leichter regiert, wenn alle gehorchen. Im Grunde hat dieser Psalm überhaupt nichts zu tun mit dem Problem von Befehl und Gehorsam und auch nichts mit blindem Ordnungsdenken. „Ich liebe dein Gebot um der Gerechtigkeit willen, die von ihm ausgeht" – um der Gerechtigkeit willen, die von ihm aus-

geht. Die Weisung, an die sich zu halten den Psalmisten so glücklich macht, begegnet uns im Alten Testament auf Schritt und Tritt, und wirklich, es ist eine Weisung, die Recht schafft, die das Zusammenleben der Menschen ordnet in Gerechtigkeit. Da lesen wir:

Du sollst nicht das Recht beugen zugunsten der Mächtigen gegen die Schutzlosen, die Witwen und Waisen nicht übervorteilen. Du sollst den Fremdling lieben, der in euerer Mitte lebt; ihr wart auch einmal Fremdlinge, damals, in Ägypten. Du sollst niemandem vorenthalten, was er zum Leben braucht. Es ist wahrhaftig nicht nötig, daß es Arme in euerer Mitte gibt. Du sollst den Tauben nicht verspotten, dem Blinden nichts in den Weg legen. Ich bin der Herr, und mein Gebot ist euch ganz nah, in euerem Mund und euerem Herzen; ihr könnt es vollbringen.

Da wird uns eine Weisung vor Augen geführt, die nicht befolgt werden soll um ihrer selbst willen, damit Ordnung herrscht, sondern damit Menschen in Gerechtigkeit und Frieden beieinander leben können. Es ist eine Weisung, die man jederzeit überprüfen kann, ob sie auch wirklich diesem Ziele dient. Es ist eine Weisung, die die Schwachen und Rechtlosen schützt und die Starken und Mächtigen in die Pflicht nimmt. Die uns allen ins Herz schreibt: Es ist wahrhaftig nicht nötig, daß es in euerer Mitte Arme gibt! Denn diese Unterschiede von arm und reich sind eben nicht gottgewollt oder schicksalhaft, sondern das Ergebnis davon, daß wir Menschen uns sehr wenig an die Weisung gehalten haben, die Gott dieser Erde mit auf den Weg gegeben hat. Und wirklich, wie anders sähe die Welt aus, wenn Gottes Gebot unter uns selbstverständliches Gesetz wäre, wenn wir uns alle darüber einig wären, daß man so leben müßte!

Sicher, das Gebot Gottes, das dieser Psalmist besingt, stammt aus einer Zeit, in der die Welt in vielerlei Hinsicht übersichtlicher und durchschaubarer war als heute. Sie stammt aus einer Zeit, in der mein Nächster wirklich zunächst mein Nachbar war, und nicht der ferne Nächste, dessen Leid mir Zeitung und Fernsehen nah heranbringen, und den ich doch mit meinem Wunsch zu helfen so schwer erreichen kann. Unsere Welt ist so groß und so kompliziert geworden, daß wir oft nicht einmal mehr durchschauen können,

was für notleidende Menschen eine wirkliche Hilfe bedeuten könnte und was nicht. All die schwierigen Überlegungen, die Weltpolitik und Weltwirtschaft von uns heute verlangen, sollten aber nicht dazu führen, daß wir Gottes Weisung aus den Augen verlieren, die uns zum Hüter unseres Bruders macht. Gottes Weisung nimmt uns dieses Nachdenken nicht ab, aber sie hilft, das Ziel nicht aus den Augen zu verlieren. Und darum ist sie „eine Leuchte für unseren Fuß, ein Licht für unseren Weg."
Und was vielleicht für uns noch wichtiger ist: Sie hilft uns, Widerstand zu leisten gegen unser eigenes mutloses: „Es hat doch alles keinen Zweck!" Sie erinnert uns daran, daß uns tief ins Herz geschrieben ist der Wunsch nach einem Zusammenleben in Frieden und Gerechtigkeit. „Großen Frieden haben, die deine Weisung lieben", sagt der Psalm, und ich glaube, er hat recht. Großen Frieden haben, selbst in Bedrängnis und Not, die da mitbauen an einer Welt, so wie Gott sie gewollt hat. Großen Frieden haben, die da mitbauen an einer Welt, in der ein Mensch nicht des anderen Wolf, sondern des anderen Bruder ist. Großen Frieden haben, die da mitbauen an einer Welt, in der es Gerechtigkeit gibt für alle.

Verkündet Freiheit im Lande für alle Bewohner

Und so redete der Herr am Berg Sinai zu Mose: Sprich zu den Israeliten und sage zu ihnen: Wenn ihr in das Land kommt, das ich euch geben werde, so soll das Land eine Ruhezeit für den Herrn halten. Sechs Jahre sollst du dein Feld bestellen und sechs Jahre deinen Weinberg beschneiden und ihren Ertrag ernten. Im siebenten Jahr aber soll das Land völlige Ruhe haben, eine Ruhezeit zur Ehre des Herrn. Und zähle dir sieben Ruhejahre, also sieben Mal sieben Jahre ab, also neunundvierzig Jahre. Dann sollst du am zehnten Tag des siebten Monats das Horn erschallen lassen, am Versöhnungstag sollt ihr im ganzen Land das Horn erschallen lassen. Heiligt das fünfzigste Jahr und verkündet Freiheit im Land für alle Bewohner. Ein Jobeljahr soll es für euch sein. Da soll jeder wieder in den Besitz seines Grundeigentums gelangen und jeder zu seinem Geschlecht zurückkehren. Ein Jobeljahr soll für euch das fünfzigste Jahr sein: Da dürft ihr nicht säen noch den Nachwuchs ernten noch an den unbeschnittenen Weinstöcken Lese halten, denn es ist Jobeljahr, eine heilige Zeit für euch. Nur vom Feld weg dürft ihr essen, was es von selbst trägt. Haltet meine Gebote und erfüllt meine Satzungen und handelt danach, dann werdet ihr in Sicherheit im Lande wohnen. Das Land wird seinen Ertrag geben, so daß ihr euch sattessen und in Sicherheit leben könnt.
(Lev 25,1–4.8–12.18–19)

Von einer utopischen Welt wird da erzählt: Eigentum soll es nur auf Zeit geben, Verkauf und Erwerb werden nach einer mehr oder weniger langen Zeit wieder annulliert, alle fünfzig Jahre beginnt alles wieder neu, fängt jeder wieder klein an. Nach fünfzig Jahren kehrt Grund und Boden, der verpfändet wurde, wieder zum ursprünglichen Besitzer zurück, und wer gar sich selber zum Leibeigentum geben mußte, wird wieder frei. Gewiß, fünfzig Jahre sind eine lange Zeit. Aber trotzdem: Stellen wir uns das einmal vor als die bei uns gültige Ordnung – unser ganzes Rechtsempfinden, unsere Vorstellungen von Besitz, unser Wirtschaftsleben geriete völlig durcheinander. Und dazu noch diese allgemeine Unterbrechung der Arbeit in regelmäßigen Abständen, um dem Acker die Ruhe und dem Herrn die Ehre zu geben und nur von dem zu leben,

was das Feld von sich aus liefert! Da wird der Fleiß, das berufliche Fortkommen, der Ausbau des sozialen Fortschritts bedrohlich in Frage gestellt.
Wir meinen sicher, die Sache mit dem Jobeljahr sei bei uns von vornherein unmöglich, sie passe nur in Wirtschaftsformen längst vergangener Zeiten. Nein, das Jobeljahr paßt in überhaupt keine Zeit. Und im Alten Testament finden sich auch keine Anzeichen dafür, daß es je eingehalten wurde. Sonst hätte man mit einem Großteil der scharfen prophetischen Kritik an der rücksichtslosen Ausbeutung der Armen, an der Ausnutzung ihrer Rechtlosigkeit offene Türen eingerannt. Es deutet nichts darauf hin, daß dieses Gebot jemals im Volk Israel wirklich erfüllt worden wäre; im Buche der Könige lesen wir vielmehr, daß das ganze Gesetz lange Zeit verschollen gewesen war und nur einzelne Vorschriften noch als eine Art Gewohnheitsrecht überlebt hatten. Als man das Gesetz dann wiederfand und feierlich im Tempel verlas, sollen das Volk und der König geweint haben, weil alle so weit weg von der Weisung Gottes gelebt hatten. Aber wir lesen wiederum nichts davon, daß nachher etwa alles anders geworden wäre. Auch damals muß es für die Besitzenden ein unerträglicher Gedanke gewesen sein, ihren Besitz nur als Leihgabe zu sehen, ihnen anvertraut für eine gewisse Zeit, aber zum Wohle aller – und darum niemals Eigentum.
Im Mittelalter, im Jahre 1300, kam Papst Bonifaz VIII. auf die Idee, das Jobeljahr als „Jubeljahr“ in der Christenheit einzuführen: nicht in dem Sinn, in dem es einmal gemeint war, daß Schulden erlassen und Gefangene frei werden, sondern so, daß endlos lange Kirchenbußen abgekürzt oder ganz erlassen wurden. Für eine Pilgerfahrt nach Rom und Gebet in den sieben Hauptkirchen wurden Strafen erlassen, die für die Betroffenen reale Folgen hatten, die sonst ein Leben lang gelastet hätten, ein Leben lang hätten abgebüßt werden müssen. Eine Abschwächung der Idee des Jobeljahres und eine deutliche Verschiebung des Akzentes, aber immer noch ein realer Inhalt. Dieses Jubeljahr wurde ursprünglich alle fünfzig, später alle dreiunddreißig, heute alle fünfundzwanzig Jahre ausgerufen – bis in unsere Zeit. Aber im Laufe der Jahrhunderte wurde daraus immer mehr ein innerkirchliches Fest, ein

Jahr religiöser Erneuerung, so wie wir ja auch das letzte Jubeljahr, das „Jahr der Versöhnung" 1975 gefeiert haben.
Es war ein anspruchsvolles Thema, das diesem Jubeljahr gegeben war. Denn eigentlich hätten wirklich alle Schulden erlassen werden müssen, alle Zwistigkeiten begraben, alle Hände zur Versöhnung ausgestreckt werden müssen. Alle wohlerworbenen Positionen hätten relativiert werden müssen, alle Verdammungsurteile aufgehoben, alle Verdächtigungen ausgeräumt. Daß es nicht so war, daß wir nicht imstande waren, ein Jobeljahr miteinander zu begehen, mag uns – jetzt, nachdem alles vorbei ist – traurig stimmen. Aber machen wir uns nichts vor: Von einem solchen Jahr der Versöhnung können wir eigentlich nur träumen, und nichts deutet darauf hin, daß es je unter uns Wirklichkeit werden könnte. Es kann sein, daß auch das Jobeljahr Israels so etwas war wie der unrealistische Traum eines Wüstenvolkes von dem, was es einmal tun wird, wenn es erst im Gelobten Land sein wird, wie das Gestammel eines Schiffbrüchigen, der Gott die abenteuerlichsten Dinge verspricht, wenn Er ihn nur rettet, und dann – wieder an Land gekommen – nicht daran denkt, auch nur einen Teil davon Wirklichkeit werden zu lassen. Solche Träume gibt es viele.
Aber manchmal denke ich, es täte uns besser, ehrlich mit uns selber umzugehen. Denn es hat keinen Zweck, einen Traum in alle Ewigkeit weiterzuträumen, wenn wir nicht die geringste Absicht haben, ihn in die Tat umzusetzen. Wahrscheinlich wären wir entsetzt über die vielen Träume, die wir aufgeben müßten; es würde uns sicher vieles aus der Hand genommen. Vielleicht wären wir enttäuscht von uns selber, aber eine Enttäuschung, ein Verlassen der Täuschung, des falschen Scheins und ein Weg hin zur Wahrheit wäre gut. Und vielleicht würden wir dann doch auch den einen und anderen Traum entdecken, den wir Wirklichkeit werden lassen wollen, und gingen mit mehr Kraft ans Werk.
Mir selber fiele es schwer, den Gedanken an ein Jobeljahr ganz aufzugeben, weil er einer meiner kostbarsten Träume ist, und ich möchte leben wie jemand, der den Weg dahin zumindest offen läßt. Ich möchte es üben, mein Eigentum nicht einfach als Eigentum zu betrachten, möchte es üben, immer wieder neu anzufangen, nichts für unabänderlich zu halten. Und wenn es, wie im

letzten Jubeljahr, um Versöhnung geht, möchte ich versuchen, mich darauf einzulassen, zu verzeihen. Auch wenn es mir nun einmal nicht gegeben ist, vergangenes Unrecht als weniger schlimm zu betrachten, nur weil es schon einige Zeit her ist, und obwohl ich weiß, daß etwas Falsches auch nach langen Jahren noch immer nicht richtig ist, sondern immer falsch bleiben wird. Und auch das Vergessen kann ich mir selber nicht befehlen. Aber ich kann versuchen, die Bitterkeit im Herzen nicht ins Unendliche wachsen zu lassen, sie vielleicht sogar langsam zum Verschwinden zu bringen, und auch die nachtragenden Gedanken, die Ablehnung, den Haß. Wenn wir das alle miteinander fertigbrächten – es wäre schon viel. Und dann bräuchten wir wohl auch nicht die Hoffnung aufzugeben, daß irgendwann einmal Wirklichkeit wird, was das Volk Israel nie verwirklicht hat und was auch die Christenheit bisher ohne greifbaren Erfolg überliefert. Dann dürfen wir hoffen, daß Gott die Herzen von uns widerspenstigen Menschen hinlenken wird auf einen Weg, der zu neuem Leben führt.

Der Maßstab des Evangeliums

Jedesmal, wenn ich bete, denke ich an dich, Philemon, und danke meinem Gott. Denn ich habe von deiner Treue zu unserem Herrn Jesus Christus und von deiner Liebe zu allen Christen gehört. Ich bete darum, daß der Glaube, an dem du teilhast, in dir wirksam wird. Dann wirst du erkennen, wieviel Gutes durch Christus in uns wachsen kann. Deine Liebe, Bruder, hat mir große Freude gemacht und mich ermutigt. Du hast damit das ganze Volk Gottes gestärkt.
Deshalb möchte ich auch nicht von meiner Vollmacht Gebrauch machen. Ich könnte dir unter Berufung auf Christus befehlen, was im vorliegenden Fall zu tun ist. Aber um der Liebe willen bitte ich dich nur. Ich, Paulus, ein alter Mann, der jetzt auch noch für Christus gefangen ist, bitte dich für Onesimus. Hier im Gefängnis wurde er mir ein Sohn. Früher hattest du an ihm nur einen Nichtsnutz, aber jetzt kann er dir und mir sehr nützlich sein.
Ich schicke ihn Dir jetzt zurück, und ich schicke dir mit ihm mein eigenes Herz. Ich hätte ihn gern bei mir behalten; er hätte mir dann an deiner Stelle gute Dienste leisten können, solange ich für das Evangelium im Gefängnis bin. Aber ohne deine Zustimmung wollte ich nichts tun; du solltest das Gute nicht gezwungen tun, sondern freiwillig.
Vielleicht war Onesimus nur deshalb eine Zeitlang von dir getrennt, damit du ihn nun für immer wieder hast. Denn jetzt ist er für dich viel mehr als ein Sklave, nämlich ein geliebter Bruder. Das ist er vor allem für mich; aber wieviel mehr muß er es dann für dich sein, als Mensch wie als Christ. Wenn ich dein Freund bin, dann nimm ihn auf, als ob ich es wäre. Wenn er dich geschädigt hat, oder dir etwas schuldet, dann rechne es mir an. Ich, Paulus, schreibe es hier mit eigener Hand: Ich werde es dir ersetzen. Ich will nicht davon reden, daß Du mir dein ganzes Leben schuldest. Bitte, lieber Bruder, denke an den Herrn und tu mir diesen Gefallen. Nimm mir diese Sorge ab, wie es unter Christen sein soll. (Phlm 4–20)

Der Brief an Philemon ist der einzige „Privat-Brief" des Apostels Paulus, der uns überliefert ist. Es ist ein Brief, geschrieben nicht an eine ganze Gemeinde, sondern an einen einzelnen, geschrieben in einer ganz persönlichen Angelegenheit zwischen Philemon und

Paulus. Der Sachverhalt ist einfach: Philemon, ein reicher Bürger aus Kolossä, hat sich auf die Predigt des Apostels Paulus hin dem christlichen Glauben angeschlossen, ja, er hat sogar eine führende Rolle in dieser Gemeinde eingenommen. Er hat der Gemeinde sein Haus zur Verfügung gestellt als Ort, an dem man sich versammelt. Nun ist Philemon etwas widerfahren, was damals wohl öfter geschah: Ihm ist ein Sklave namens Onesimus entlaufen. Nirgends steht, daß sein Herr ihn etwa schlecht behandelt habe und er deshalb sich habe retten wollen. Wir haben vielmehr Grund zu der Vermutung, Onesimus habe sich in irgendeiner Weise gegen seinen Herrn vergangen, vielleicht etwas gestohlen, und flüchtete nun, um nicht erwischt und bestraft zu werden. Auf der Flucht stand freilich für einen Sklaven die Todesstrafe, wenn sein Herr es wünschte – die Lage des Onesimus war also verfahren. Was soll aus ihm werden?

Nun ist Onesimus auf irgendwelchen Wegen, die wir nicht kennen, in die Umgebung des Paulus gekommen, und Paulus hat ihn bekehrt. Onesimus ist getauft worden, er ist Christ geworden. Aber da liegt immer noch dieses unbewältigte Stück Vergangenheit auf seinen Schultern, seine Flucht. Paulus fühlt sich für den Neubekehrten verantwortlich. Er weiß, es gibt für einen geflohenen Sklaven keine andere Wahl, als zu seinem Herrn zurückzukehren – anders wäre er für den Rest seines Lebens vogelfrei, immer auf der Flucht. Daß das Sklaventum der Würde des Menschen überhaupt widerspricht und darum eigentlich abgeschafft werden müßte, lag damals noch außerhalb aller Denkmöglichkeiten. Aber selbst wenn die christliche Gemeinde sich klar darüber geworden wäre, daß es eigentlich keine Sklaven geben dürfe, so hätte doch von ihr nicht ein Impuls zu einer sozialen Revolution solchen Ausmaßes ausgehen können: Eine kleine Minderheit kann ein solches schwieriges und uraltes Problem nicht von einem Tag auf den anderen lösen, das liegt einfach außerhalb ihrer Möglichkeiten. Und darum schickt Paulus seinem einstigen Taufschüler Philemon den entlaufenen Sklaven zurück und tut damit seiner staatsbürgerlichen Pflicht Genüge. Aber gleichzeitig weist er Philemon darauf hin, daß Onesimus als ein anderer zurückkehrt: Er kehrt zurück als ein Bruder in Christus.

Bittbriefe für entlaufene Sklaven gab es in der Antike auch außerhalb des Christentums. Immer wieder kam es vor, daß ein Freund sich an den anderen wandte mit einem solchen Anliegen, einfach als Appell an die Menschlichkeit des Freundes. Denn daß eine solche Einrichtung wie die Sklaverei nicht einfach jede Menschenwürde des Sklaven auslöscht, das war auch unter redlich denkenden Menschen der damaligen Zeit selbstverständlich. Wer nur einen Funken Gespür hat für Menschlichkeit, wird gar nicht anders handeln können – auch damals nicht. In diesem Sinne schreibt Paulus an Philemon.

Aber er tut noch mehr, er entfaltet nämlich an diesem Vorkommnis ein Stück seiner Theologie und legt sie Philemon zum Bedenken vor. Er, der selbst einst Philemon bekehrt hat, will ihn nun weiterführen im Glauben, will ihm deutlich machen, was dieser Glaube nun im Alltag bedeuten kann. Onesimus ist Philemons Sklave, gewiß. Aber im Galaterbrief, einem der ältesten Briefe des Neuen Testaments überhaupt, wird berichtet, daß bei der Taufe der Satz gesprochen wurde: „Hier ist nicht mehr Jude oder Heide, nicht mehr Sklave oder Freier, nicht mehr Mann oder Frau, hier seid ihr alle einer in Christus!" Dieser Satz dürfte bei der Taufe des Philemon ebenso gefallen sein wie bei der Taufe des Onesimus. Was sollen die beiden daraus machen?

Daß die Sklaverei grundsätzlich abgeschafft werden müßte, kann Paulus nicht fordern; das läge außerhalb seiner eigenen Möglichkeiten ebenso wie außerhalb der Möglichkeiten des Philemon. Aber etwas anderes fordert Paulus: Durch die Taufe ist Onesimus Gottes geliebtes Kind geworden, er ist seinem Bruder Philemon an die Seite gerückt. Beide stehen nun nebeneinander vor Gott; sie sind hineingenommen in eine neue, nie geahnte Wirklichkeit, in der Unterschiede aufgehoben sind, die sonst unüberwindlich erscheinen, Unterschiede der Rasse und des Geschlechts ebenso wie des sozialen Standes. Aber wenn nun zwei Menschen vor Gott Seite an Seite stehen, dann können die gleichen zwei Menschen, wenn sie einander gegenüberstehen, sich nicht wieder zurückverwandeln in Herr und Sklave, dann kann eben nicht einer Herr über den anderen sein. Wenn Gott durch die Taufe eine neue Wirklichkeit schafft, dann nicht nur im Himmel, sondern auch

auf Erden: Im Raum der Gemeinde, wo die Taufe als Wirklichkeit anerkannt ist, da muß eben diese Taufe auch im Umgang untereinander wirken.
Und darum soll Onesimus zurückkehren, wie das Staatsgesetz es verlangt. Aber zu seinem christlichen Herrn Philemon kehrt er nicht zurück als der rechtlose Sklave, der um sein Leben betteln muß, sondern als Bruder in Christus. Wenn Philemon seine eigene Taufe heilig ist, dann muß ihm auch die des Onesimus heilig sein. Dann muß er seine selbstverständliche Christenpflicht erfüllen und Onesimus verzeihen, muß ihn mit Freundlichkeit aufnehmen, ohne irgendetwas nachzutragen, muß ihn auch von nun an anders behandeln – er muß sich bewußt sein, daß sich zwischen ihnen beiden etwas geändert hat, etwas, das nicht nur seine Bedeutung im Himmel hat, sondern auch auf Erden.
Die Sklavenfrage von damals ist unter uns Heutigen längst geklärt, auch wenn wir wissen, daß auf unserer Erde immer noch Menschen leben, die ihrer einfachsten Menschenrechte beraubt sind, nicht anders als die damaligen Sklaven. Aber eines, denke ich, könnten wir Christen von heute aus dem damaligen Paulusbrief lernen: Gerade da, wo es nicht möglich ist, eine ungerechte, menschenunwürdige Situation grundsätzlich zu beendigen, ist es uns Christen nicht erlaubt, die Hände in den Schoß zu legen; es ist uns nicht erlaubt, alles beim alten zu lassen und darauf zu hoffen, daß sich die Lage einmal von selbst bereinigt. Gerade dann, wenn wir auf politischer und gesellschaftlicher Ebene unsere Vorstellungen nicht durchsetzen können, sind wir doch verpflichtet, uns an das zu halten, was der Glaube uns lehrt. Wenn es etwa im Augenblick auf Weltebene nicht durchsetzbar erscheint, jede Form von Gewaltanwendung zu ächten, so darf doch ein Christ für seine eigene Sache nicht zur Gewalt greifen; er darf eben nicht mit den Wölfen heulen. Zweifellos wäre Philemon „im Recht“ gewesen, hätte er seinen entlaufenen Sklaven töten lassen – aber sein Christsein hätte er damit zugleich zuschanden gemacht. Und so wie damals ist jedem Christen die ganz persönliche Verantwortung für den eigenen Lebensstil, für die eigenen Entscheidungen auferlegt, und auch in der christlichen Gemeinde darf es nur einen Maßstab geben, der angelegt wird: den des Evangeliums.

Ein Lob für den Wegweiser

Johannes der Täufer hörte im Gefängnis von den Taten Christi. Da schickte er seine Jünger zu ihm und ließ ihn fragen: Bist du es, der kommen soll, oder müssen wir auf einen anderen warten? Jesus antwortete ihnen: Geht und berichtet Johannes, was ihr hört und seht: Blinde sehen wieder, Lahme gehen, Aussätzige werden rein und Taube hören; Tote stehen auf, und den Armen wird das Evangelium verkündet. Selig ist, wer an mir keinen Anstoß nimmt.
Als sie gegangen waren, begann Jesus zu der Menge über Johannes zu reden; er sagte: Was habt ihr denn sehen wollen, als ihr in die Wüste hinausgegangen seid? Ein Schilfrohr, das im Wind schwankt? Oder was habt ihr sehen wollen, als ihr hinausgegangen seid? Einen Mann in feiner Kleidung? Leute, die fein gekleidet sind, findet man in den Palästen der Könige. Oder wozu seid ihr hinausgegangen? Um einen Propheten zu sehen? Ja, ich sage euch: Ihr habt sogar mehr gesehen als einen Propheten. Er ist der, von dem es in der Schrift heißt: Ich sende meinen Boten vor dir her; er soll den Weg für dich bahnen. Amen, ich sage euch: Unter allen, die je von einer Frau geboren wurden, hat es keinen Größeren gegeben als Johannes den Täufer; doch der Kleinste im Himmelreich ist größer als er.
(Mt 11,2–11)

Ein merkwürdiger Mann, dieser Johannes, den Jesus den „Vorläufer" nennt, den Boten, den Gott vor seinem Gesalbten voraussenden will, damit er ihm den Weg bahne. Johannes selber hat sich gleichfalls so gesehen: Er trat auf als der Prediger, der dem Messias dadurch den Weg bereitet, daß er das Volk zurückführt zur Weisung Gottes. Er ruft die Menschen auf zur Umkehr, zur tätigen Reue, zu einem neuen Lebensstil, der von Gerechtigkeit und Güte geprägt ist. Den Zolleinnehmern schärft er ein, nicht mehr zu verlangen, als ihnen zusteht, den Soldaten, auf Gewalt und Erpressung zu verzichten, und ganz allgemein soll gelten, daß jeder, der zwei Röcke hat, einen dem gibt, der keinen hat, und wer zu essen hat, mit einem teilt, der sonst hungern müßte. Eine einfache Ethik ist es, die dieser Täufer gepredigt hat, nichts Revolutionäres, ganz im Gegenteil: Er ruft die Menschen auf, das zu tun, was eigentlich selbstverständlich ist. Aber wenn die Menschen dieses eigentlich Selbstverständliche wirklich tun, dann steht dem Kommen des Messias nichts mehr im Weg, sagt Johannes. Und er hat mit dieser Predigt viel Anklang gefunden, gerade bei den einfachen Leuten, die in dieser schlichten, aber überzeugenden Ethik ihr eigenes Bemühen wiedererkannt haben mögen, gut zu sein. Der strenge Lebensstil des Täufers, mit dem er selbst zu verwirklichen suchte, was er predigte, mag zusätzlich überzeugend gewirkt haben.

Jesus selber hat mit höchster Achtung von ihm gesprochen; er nennt ihn „den Größten, der je von einer Frau geboren wurde". Das mag uns verwundern, denn Johannes hat sich niemals der Jüngerschar Jesu eingefügt, er ist ihm niemals nachgefolgt. Und doch soll er der „Größte unter den von einer Frau Geborenen" sein? Das ist mehr, als Jesus je von Petrus, dem Apostelfürsten, oder von Johannes gesagt hat, dem „Jünger, den Jesus liebte". Nein, dieser Mann, der Vorläufer war und blieb und gar nicht Jünger sein wollte, er erhält dieses äußerste Lob. Obwohl er nicht „im Reich Gottes" steht, das mit Jesus begonnen hat, und in dem er darum keinen Platz finden konnte, ja dort der Geringste wäre, trägt er als der Vorläufer diesen gewaltigen Namen.

Vielleicht trägt er ihn gerade darum, weil er Vorläufer war und blieb und gar nicht vorhatte, irgendetwas anderes zu sein als das, wozu Gott ihn beauftragt hatte. Sein Ort war es, auf der Schwelle zu stehen, den Weg zu weisen, ohne eben diesen Platz zu verlassen. Ein Wegweiser darf den Weg nicht selber gehen, er muß bleiben, wo er ist – wenn er sich selber auf den Weg machte, wäre sein Platz verwaist, zum Schaden für alle, die nach ihm kommen und denen dann jede Orientierungsmöglichkeit fehlt. Es braucht anscheinend Menschen, die diese Aufgabe erfüllen, und wer sie getreulich auf sich nimmt, der ist des höchsten Lobes aus Jesu Mund sicher. Ich glaube, es tut uns Christen gut, uns immer wieder an dieses Lob Jesu für seinen Vorläufer zu erinnern. Denn sein Name ist zwar unter uns hochgehalten worden, aber nicht das, was er tat im Blick auf Jesus. In unserer christlichen Verkündigung ist immer wieder die Rede davon gewesen, jeder Mensch habe Jesus gegenüber eigentlich nur zwei Möglichkeiten: ihn zu verwerfen oder ihm nachzufolgen. Und sich recht zu entscheiden heißt dann eben:

ihm nachzufolgen mit Haut und Haar, alles andere zu vergessen, sich einzulassen auf diesen Weg und ihn Schritt für Schritt getreulich zu gehen. Und darüber ist in Vergessenheit geraten, daß es eben auch diese andere Möglichkeit gibt: Vorläufer zu sein, Wegbereiter, Wegweiser.

Denn so wie es damals wohl nötig war, die Menschen einzustimmen auf Jesu Botschaft, so ist es, denke ich, auch bei uns heute: Die Herzen der Menschen müssen eingestimmt werden auf das, was Jesus zu verkündigen hatte. Der Auftrag des Täufers war sicher in seiner Art einmalig und unwiederholbar – Jesus Raum zu schaffen als dem Gesandten Gottes. Aber daß dem Evangelium der Boden bereitet werden muß, soll es Frucht tragen in den Herzen der Menschen, das war damals sicher nicht anders als heute. Und vielleicht findet die Verkündigung der Kirche manchmal darum so wenig Echo, weil man diese Aufgabe des Vorläufers nicht hochgeachtet hat. Wie oft wurde nicht abweisend von den „Horizontalisten" gesprochen, die mehr von Umkehr und tätiger Reue gesprochen haben, von Güte und Gerechtigkeit, damit Raum werde für das Kommen des Gottesreiches, und die sich nicht gleichzeitig festlegen lassen wollten auf irgendein Credo. Wer unter der Jugend nicht gleich von der Gottessohnschaft Jesu sprechen wollte, sondern sie anhielt, ihr eigenes Leben zu bedenken und zu ordnen, wer von Treue und Geduld und Wahrheitsliebe, von Sanftmut und Verantwortungsgefühl mehr sprach als vom Dreifaltigen Gott, ist gerade im Kreise der Frommen allzu oft heftigen Verdächtigungen ausgesetzt gewesen. Und dabei hat er nichts anderes getan als dieser Täufer, der nichts anderes sein wollte als Wegweiser, der die Herzen der Menschen bereitete für die Botschaft Jesu.

Vielleicht fordert gerade dieser Täufer uns heraus, den Blick zu weiten, daß wir die vielen verschiedenen Möglichkeiten sehen, wie Menschen auf das Evangelium antworten können. Vielleicht, daß wir es wieder wagen, uns für diese *oder* jene Möglichkeit zu entscheiden – oder besser, daß wir es wieder wagen, uns zu überlegen, wozu jeder einzelne von uns ganz persönlich berufen worden ist im Blick auf Jesus. Diesen Ruf suchen wir uns nicht aus, so wie der Täufer ihn nicht ausgesucht hat, nicht Petrus, nicht Johannes. Gott ruft, so wie er einst den Propheten Jeremia berufen hat, schon im

Mutterschoß, und keine Ausflucht ist erlaubt; und wenn es auch nicht für jeden von uns ein solch gewaltiger Ruf ist zum Propheten, zum Apostel, so bleibt es doch unser Auftrag, den Gott gerade mir und niemandem sonst zugedacht hat.

Das Wort des Herrn erging an mich:
Noch ehe ich dich im Mutterleibe formte, habe ich dich ausersehen,
noch ehe du aus dem Mutterschoß hervorkamst, habe ich dich geheiligt,
zum Propheten für die Völker habe ich dich bestimmt.
Da sagte ich: Ach Herr, mein Gott, ich kann doch nicht reden, ich bin ja noch so jung.
Aber der Herr erwiderte mir: Sag nicht: Ich bin noch so jung.
Wohin ich dich auch sende, dahin sollst du gehen,
und was ich dir auftrage, sollst du verkünden, fürchte dich nicht. (Jer 1,4–8)

Vielleicht sind wir zunächst enttäuscht, wenn wir im Laufe unseres Lebens begreifen, daß uns anscheinend von Gott eine andere Aufgabe zugewiesen wurde als die, die wir uns vielleicht erträumt hatten. Wir hätten uns vielleicht eine andere Aufgabe ausgesucht, eine, die uns leichter die Anerkennung unserer christlichen Glaubensbrüder eingebracht hätte. Wer entdeckt, daß es ihm auferlegt ist, Vorläufer zu sein, Wegbereiter, dessen Stand ist in unseren Durchschnittsgemeinden wahrhaftig nicht zu beneiden; er wird es immer schwerer haben als einer, der sich wiedererkennt im Bild des Lieblingsjüngers, der im Abendmahlsaal an der Brust seines Meisters ruhen durfte. Aber wer bereit ist, seinen Weg bis zum Ende zu gehen, wer sogar wie der Täufer noch im Gefängnis, im Angesicht des Todes, es wagt, seine kritischen Fragen an Jesus zu stellen, der wird nicht zu zweifeln brauchen, daß auch für ihn das Lob Jesu gilt, er gehöre zu den „Größten, die je von einer Frau geboren wurden".

Aber die Liebe steht am höchsten

Ihr alle bildet zusammen den Leib Christi; jeder einzelne von euch ist ein Teil davon. Jedem hat Gott einen bestimmten Platz zugewiesen: Zuerst kommen die Apostel, dann die Propheten und die Lehrer, dann jene, die Wunder tun oder heilen können, alle, die helfen oder verwalten oder in unbekannten Sprachen reden. Nicht alle sind Apostel, Propheten oder Lehrer, nicht jeder kann Wunder tun, Kranke heilen, in unbekannten Sprachen reden oder diese Sprachen übersetzen. Bemüht euch um die höheren Gaben!

Ich kenne aber freilich etwas, das weit wichtiger ist als alle diese Fähigkeiten: Wenn einer alle Sprachen der Menschen und Engel spricht, aber keine Liebe hat, so ist er nur ein dröhnender Gong oder eine lärmende Pauke. Wenn einer göttliche Eingebungen hat und alle Geheimnisse Gottes kennt, wenn er den Glauben hat, der Berge versetzt, aber ohne Liebe ist, so hat das alles keinen Wert. Wenn einer seinen ganzen Besitz verteilt und den Feuertod auf sich nimmt, aber die Liebe nicht hat, so ist alles umsonst.

Wer liebt, hat Geduld. Er ist gütig und ereifert sich nicht; er prahlt nicht und spielt sich nicht auf. Wer liebt, ist nicht taktlos, selbstsüchtig und reizbar. Er trägt keinem etwas nach. Er freut sich nicht, wenn der andere Fehler macht, sondern wenn er das Rechte tut.

Wer liebt, gibt niemals jemanden auf. In jeder Lage vertraut und hofft er für ihn. Alles nimmt er geduldig auf sich. Liebe behält ihren Wert: Die Eingebungen der Propheten werden einmal aufhören, das Reden in Sprachen des Geistes wird ein Ende haben, das Wissen um die Geheimnisse Gottes hat seine Zeit. Denn unser Wissen und Reden erfaßt von der Wahrheit nur einen Teil. Damit ist es vorbei, wenn die ganze Wahrheit sich zeigt. Als ich ein Kind war, redete, fühlte und dachte ich wie ein Kind. Jetzt bin ich ein Mann und habe die kindlichen Vorstellungen abgelegt. Wir sehen jetzt nur ein Bild wie in einem Spiegel und können nichts deutlich erkennen. Einmal aber werden wir Gott selbst gegenüberstehen. Jetzt kennen wir ihn noch nicht ganz; dann aber werden wir ihn so kennen, wie er uns jetzt schon kennt.

Alles wird aufhören, nur Glaube, Hoffnung und Liebe nicht. Aber die Liebe steht am höchsten. (1 Kor 12,27–13,13)

Mit der Gemeinde von Korinth hat Paulus von Anfang an seine Schwierigkeiten gehabt; er hat sie geliebt, wie man ein Sorgenkind liebt. Diese Gemeinde, ein buntzusammengewürfelter Haufen, wie es ihn nur in einer internationalen Hafenstadt geben kann, hat ihm eine Menge Kummer bereitet, und einer der Anlässe war ihre schreckliche Wundersucht. Die Korinther waren erpicht auf alles Außerordentliche und Ungewöhnliche, für den schlichten Alltag hatten sie nicht viel übrig. Wie kleine Kinder ließen sie sich blenden vom Glanz des Unerhörten. Und entsprechend ging es auch in ihrer Gemeinde zu. Wenn es da einen gab, der beim Gebet in Verzückung geriet und unverständliche Worte stammelte, dann war er weit höher angesehen als einer, der in Nüchternheit das Evangelium auszulegen und für den Alltag zu erklären versuchte.
Immer wieder hat Paulus diese Einstellung der Gemeinde tadeln müssen! Er, der selber durchaus Verzückungen und Erleuchtungen und Visionen im Gebet kannte, schreibt recht abwertend über diese wunderbaren Geschehnisse, ganz einfach deshalb, weil sie der Gemeinde nicht viel nutzen. Wenn einer im Gebet in den siebenten Himmel entrückt wird – was haben die anderen davon? Stattdessen weist Paulus die Korinther immer wieder auf all die anderen Gnadengaben hin, die nötig sind zur Auferbauung der Gemeinde: daß es da einen gibt, der vorstehen und die Gemeinde leiten kann, einen anderen, der das Evangelium auslegt, wieder einen anderen, der den Gottesdienst leitet, einen, der die Sünder so zu ermahnen versteht, daß sie sich bekehren, einen, der weiß, wie man den Armen hilft. Lauter verschiedene Gnadengaben, die alle zusammenspielen müssen, damit die Gemeinde lebt, von deren Zusammenkommen es abhängt, ob die Gemeinde wirklich zusammenwächst zu einem lebendigen Leib.
Aber nicht einmal darauf, schreibt Paulus, kommt es im Letzten an. Es können ja nicht alle in der Gemeinde irgendein deutliches Amt haben, Leiter oder Lehrer oder Liturge oder was auch immer sein. Nein, die Gemeinde lebt nicht nur von denen, die irgendetwas Hervorstechendes tun, und noch viel weniger lebt der Glaube davon, daß man irgendetwas Hervorstechendes tut. Und dann beginnt Paulus von der Liebe zu sprechen, dem königlichen Weg, der eigentlichen und letzten Antwort des Menschen auf das Evan-

gelium: Wenn einer alle Sprachen der Menschen und Engel spricht, aber keine Liebe hat, so ist er nur ein dröhnender Gong oder eine lärmende Pauke. . .

Das ist der königliche Weg, da kann man sehen, ob einer sich wirklich dem Evangelium geöffnet hat. In diese „Liebe" darf man nichts hineingeheimnissen, als ob sie etwas ganz Besonderes, ganz Subtiles und Außergewöhnliches wäre. Nein, es ist die ganz einfache, alltägliche Liebe, die langmütig ist und gütig, die offen und vergebungsbereit macht. Es ist die Liebe, mit der Eltern ihre Kinder immer wieder auf die Füße stellen, wenn sie hingefallen sind. Es ist die Liebe, die immer wieder ein Gespräch am Gartenzaun versucht, auch wenn der Nachbar wirklich lästig ist. Es ist die Liebe, mit der ein Mensch den Sorgen des anderen zuhört, sich seiner annimmt, die Liebe, die die Alten und Behinderten und Schwachen nicht abschiebt und sich auch des Schuldiggewordenen und Gestrauchelten nicht schämt. Eine einfache Liebe von Mensch zu Mensch. Die Liebe zwischen Ehepartnern, die einander immer wieder von neuem suchen, die einander treu bleiben in guten wie in bösen Tagen. Aber auch die Liebe, die es nicht mitansehen kann, daß im eigenen Leben alles so weit geglückt ist, während so viele andere an ihrem Leben zerbrechen, an ihrem persönlichen Schicksal oder auch an den politischen und sozialen Strukturen, die Menschen zermalmen.

Daß das Christentum ganz zentral etwas mit Nächstenliebe zu tun habe, nun, das hat kaum einmal jemand geleugnet. Aber meist wird dieser Einsicht noch ein „Aber" hinzugefügt: eine Warnung, man dürfe aber deshalb nicht die Bedeutung der Gottesliebe vergessen – die berühmte Vertikale, die zur Horizontalen hinzukommen müsse, damit der Glaube im Lot bleibe. Nur ja keine Einseitigkeiten! Paulus ist da anderer Meinung, er nimmt sich die Freiheit, einseitig zu sein, wenn er schreibt: Alles andere wird einmal vergehen, die Gabe der prophetischen Rede etwa, der Verzükkung, des Einswerdens mit Gott im Gebet schon hier und jetzt, alle Lehre, alle Theologie wird vergehen. Er vergleicht unser Leben auf Erden mit der Kindheit: Wenn einer erwachsen wird, legt er mancherlei ab, was ihm als Kind lieb und teuer war. So werden auch wir manches zurücklassen, was jetzt noch für uns wichtig ist, sobald wir einmal „erwachsen“ sein werden. Was wir jetzt im Glauben sehen, ist noch nicht das Eigentliche, worauf es letztlich ankommt; es ist alles noch verhüllt und ein wenig rätselhaft. Wir sehen wie in einem Spiegel, der es nun einmal an sich hat, daß er alles verdreht, das Rechte links und das Linke rechts sein läßt. Darauf kann man keine Ewigkeit bauen!

Das einzige, was ungebrochen von jetzt bis in das Reich Gottes hineinreichen wird, ist die Liebe. Der Glaube wird sich wandeln in Schauen, die Hoffnung in Erfüllung, die Liebe aber wird bleiben. Jede Liebe wird bleiben, denn jede kommt von Gott und führt zu ihm hin, auch wenn sie noch so weltlich und irdisch auszusehen scheint. Jede Liebe, die sich selbst verläßt, um auf den anderen zuzugehen – das ist die Liebe, die in alle Ewigkeit ihren Wert nicht verliert.

Das Gesetz nicht aufheben, sondern erfüllen

Damals sprach Jesus zu seinen Jüngern: „Denkt nicht, ich sei gekommen, um das Gesetz und die Propheten aufzuheben. Ich bin nicht gekommen um aufzuheben, sondern um zu erfüllen. Amen, ich sage euch: bis Himmel und Erde vergehen, wird auch nicht der kleinste Buchstabe des Gesetzes vergehen, bevor nicht alles erfüllt ist. Wer auch nur eines von den kleinsten Geboten aufhebt und die Menschen entsprechend lehrt, wird im Himmelreich der Kleinste genannt werden. Wer sie aber hält und halten lehrt, der wird groß sein im Himmelreich. (Mt 5,17–19)

„Denkt nicht, ich sei gekommen, Gesetz und Propheten aufzuheben. Nicht aufzuheben, bin ich gekommen, sondern um zu erfüllen." So hat Jesus seine eigene Einstellung zur Tradition seines Volkes gesehen und erläutert. Nicht aufheben, sondern erfüllen: aufzeigen, was eigentlich gemeint war und ist, den Staub oder auch das Flimmerwerk der Jahrhunderte wieder beiseite räumen, um zum ursprünglichen Gebot Gottes, zur Weisung an sein auserwähltes Volk zurückzufinden. Wir können uns das so vorstellen, daß es zur Zeit Jesu zwar manche rigorose Gesetzesauslegung gab, die die Menschen eher fesselte als befreite – denken wir etwa daran, wie manche das Sabbatgebot eng auslegten – daß aber auch gleichzeitig manche grundlegende Weisung des Alten Testamentes großzügig beiseitegeschoben wurde. Wir heutigen Christen haben allen Grund, zurückhaltend zu sein in unserem Urteil über die damaligen Pharisäer; zweitausend Jahre Kirchengeschichte haben ja auch uns gelehrt, wie schnell der Anfang vergessen sein kann, und wie schwer es ist, wieder zu ihm zurückzufinden. Jedenfalls, Jesus will den ursprünglichen Sinn der Gebote Gottes an sein Volk, wie sie am Berge Sinai ergangen waren, wiederherstellen. Und wenn er darum sagt: Es reicht nicht aus, nicht zu morden, schon die bösen Gedanken im Herzen verstoßen gegen den Willen Gottes, dann sagt er genau das, was auch schon vor ihm mancher jüdische Lehrer gesagt hatte. Etwa: Wer seinen Nächsten haßt, siehe, der gehört zu den Blutvergießern. Oder wenn Jesus lehrt: Es reicht nicht aus, nicht die Ehe zu brechen,

schon der lüsterne Blick verstößt gegen den Willen Gottes, so trifft er genau den Sinn des letzten der Zehn Gebote: Du sollst nicht begehren die Frau deines Nächsten. Jesus wischt damit auch all die Ausreden beiseite, die Menschen damals wohl nicht anders als heute einfallen, um sich vor Gottes Weisung zu verbergen.
Vielleicht, daß sich da bei uns die Frage meldet: Ist es denn überhaupt möglich, so zu leben? Kann das ein Mensch überhaupt? Das Buch Jesus Sirach, eine der spätesten Schriften des Alten Testamentes, antwortet darauf mit aller Deutlichkeit: „Wenn du willst, kannst du das Gebot halten." Und es folgert: „Der Mensch hat vor sich Leben und Tod; was er begehrt, wird ihm zuteil." Das heißt doch wohl nichts anderes, als: Dieses Gebot zu halten, ist Leben, sich von ihm abzuwenden, Tod. Wer wirklich leben will, sinnvoll, erfüllt, menschenwürdig, der muß sich an diese Weisung halten – anders gibt es kein Leben. Und wer sich nicht daran hält, wird selbst merken, wo er endet. Und darum hat dieses getreue Erfüllen des Gesetzes auch nichts zu tun mit dem Versuch, sich durch Werke selbst zu erlösen, sondern es geht darum, daß Menschen es begreifen: Gott hat uns eine Ordnung gegeben, die es uns möglich machen soll, miteinander menschenwürdig zu leben.
Und es ist ja wirklich so: Wo das Leben eines Menschen nichts mehr wert ist, nicht mehr sicher ist, da bricht schließlich alles zusammen. Aber es ist fast übermenschlich, diese Unantastbarkeit des Lebens immer und in jedem Fall zu respektieren, wenn man rachsüchtigen Gedanken und bösartigen Urteilen über den anderen im eigenen Denken Tür und Tor öffnet. Wie soll einer im Konfliktfall das Leben des anderen noch achten, wenn er in seinem Herzen schon längst ein vernichtendes Urteil über ihn gesprochen hat? Wir Menschen können Denken und Tun nicht so fein säuberlich auseinanderhalten, daß wir uns im Denken und Reden gleichsam alles erlauben könnten, und dennoch sicher wären, daß uns die böse Tat nicht widerfahren wird. Ich glaube, daß diese Weisung, schon die vernichtenden Gedanken aus dem Herzen zu verbannen, uns zum Schutz gegeben ist, damit wir nicht von uns selber überrannt werden und am Ende nur noch stammeln können: „Aber das habe ich doch nicht gewollt!"
Mit dem Ehebrechen ist es wohl ähnlich: Wer ständig mit dem

Gedanken spielt und es sich ausmalt, wie es wohl wäre, wenn, der mag wirklich irgendwann überfordert sein, in der Versuchung standzuhalten. Wer sich schon oft vorgestellt hat, wie schön es wäre, sich von seinem Partner zu trennen, der mag, wenn sich die Gelegenheit bietet, vielleicht tatsächlich keinen Widerstand mehr leisten können. Darum ist es zu unserem Schutz gesagt: Die eheliche Treue muß schon im Herzen beginnen.

Wahrscheinlich werden nur die wenigsten Menschen in ihrem Leben je in die Lage kommen, daß sie sich um dieses Gebotes willen von etwas trennen müßten, was ihnen so lieb und so unersetzlich wäre wie ihr rechtes Auge, ihre rechte Hand; das sind sicher Extremfälle, die man nicht auf Durchschnittssituationen übertragen kann. Aber es ist uns doch gesagt, daß die Erfüllung des Gebotes auch Härten von uns verlangen kann, und daß es nicht aufhört zu gelten, nur weil die Erfüllung uns schwerfällt. Wer die bösen Gedanken in sein Herz hineinläßt, der zerstört damit den wichtigsten Schutzwall gegen die böse Tat, wie es ein Sprichwort sagt: „Wer Wind sät, wird Sturm ernten."

All dies könnte man freilich auch mißverstehen, etwa so, als ob damit bereits alle spontanen Regungen des Herzens in Mißkredit gebracht würden. So, als ob ein guter Christ einfach keinen Ärger empfinden dürfte, wenn er angegriffen, beleidigt wird. Als ob ein guter Christ einer anderen Frau, einem anderen Mann gar nicht offen in die Augen sehen dürfte, weil es dann natürlich geschehen könnte, daß man sein Gegenüber schön und begehrenswert findet. Viel Unnatürliches und Verkrampftes ist aus diesem Mißverständnis entsprungen, mit dem wir uns heute oft noch abplagen müssen. Denn das käme ja schließlich darauf hinaus, daß ein Christ gar nicht mehr unbefangen leben könnte. Zum unbefangenen Leben gehört es einfach hinzu, auch unbefangen zu empfinden, und nicht jedes Gefühl, das in uns aufsteigt, erst einmal zu kontrollieren, ob es auch erlaubt sei. So kann das nicht gemeint sein. Die Evangelien erzählen ja auch ganz unbefangen, Jesus selbst habe seinem Zorn über die Pharisäer freien Lauf gelassen, als er sie „Schlangenbrut" und „Natterngezücht" nannte! Nein, hier geht es nicht um die spontanen Regungen des Herzens, die aufkommen und auch wieder verschwinden, ohne daß wir das alles in der Hand

haben. Worum es geht, sind die bewußt gehegten und gepflegten Abneigungen, die Haß- und Rachegefühle, von denen wir selber – wenn wir ehrlich sind – zugeben müßten, daß sie nichts bei uns verloren haben. Es geht um das planvolle Intrigenschmieden, das Spielen mit dem Feuer, das Liebäugeln mit der Sünde, die – hoffentlich – nie geschehen wird.
Wer darauf verzichtet, wer einmal beginnt, nach der Weisung Jesu zu leben, der wird es vermutlich selber schon bald erfahren, daß Gottes Gebot wirklich ein Licht ist für unseren Fuß, wie es in den Psalmen heißt. Daß es uns hält, damit wir nicht fallen und der Abgrund uns verschlingt. Daß wir den Weg zum Leben, zum wirklichen, ewigen Leben finden.

Das Brot, von dem wir Menschen leben

Als am Morgen nach der wunderbaren Brotvermehrung die Leute merkten, daß weder Jesus noch seine Jünger da waren, stiegen sie in die Boote, fuhren nach Kafarnaum und suchten Jesus. Sie fanden ihn am anderen Ufer des Sees und fragten ihn: Rabbi, wann bist du hierher gekommen? Jesus antwortete ihnen: Ihr sucht mich nicht, weil ihr Zeichen gesehen habt, sondern weil ihr von den Broten gegessen und sattgeworden seid. Müht euch nicht um die Speise, die verdirbt, sondern um die Speise, die bleibt für das ewige Leben und die euch der Menschensohn geben wird. Denn ihn hat Gott der Vater mit seinem Siegel bestätigt. Da fragten sie ihn: Was müssen wir tun, um die Werke Gottes zu vollbringen? Jesus antwortete ihnen: Ihr tut das Werk Gottes, wenn ihr an den glaubt, den er gesandt hat. Sie entgegneten ihm: Welches Zeichen tust du, damit wir es sehen und dir glauben? Was wirst du tun? Unsere Väter haben das Manna in der Wüste gegessen, wie geschrieben steht: Brot vom Himmel gab er ihnen zu essen. Jesus sprach zu ihnen: Amen, amen, ich sage euch: Nicht Mose hat euch das Brot vom Himmel gegeben, sondern mein Vater gibt euch das wahre Brot vom Himmel. Denn das Brot, das Gott gibt, kommt vom Himmel, um der Welt das Leben zu geben. Da sagten sie zu ihm: Herr, gib uns immer dieses Brot! Jesus sprach zu ihnen: Ich bin das Brot des Lebens; wer zu mir kommt, wird nicht mehr hungern, und wer an mich glaubt, wird nicht mehr durstig sein. (Joh 6,24–35)

„Der Mensch lebt nicht vom Brot allein", mit diesem Satz hat Jesus den Versucher in der Wüste zurechtgewiesen, als dieser ihn dazu verleiten wollte, nach seinem vierzigtägigen Fasten Steine in Brot zu verwandeln. Nein, der Mensch lebt nicht vom Brot allein, er stirbt sogar vom Brot allein. Wer nichts anderes mehr kennt als den einzigen Gedanken, sich Brot zu verschaffen, Brot oder was auch immer man sonst noch braucht an Gütern zur Absicherung des Lebens, der wird das Glück nicht finden. Wir Menschen brauchen mehr als Brot, wir brauchen noch anderes als Brot.

Davon geht auch der Evangelist Johannes aus, der uns dieses Gespräch Jesu mit einigen Juden schildert. Sie haben am Tag zuvor die wunderbare Brotvermehrung miterlebt, und nun laufen sie

Jesus nach, weil ein solches Wunder ihr Leben absichern könnte. Jemanden unter sich zu haben, der mächtiger ist als der Hunger – das ist verlockend. Aber Jesus weist sie ab, er will nicht als Wundertäter, als Garant für ein abgesichertes Leben, ein Leben ohne äußere Not mißverstanden werden. In der Versuchungsgeschichte in der Wüste sagt Jesus weiter: „Der Mensch lebt nicht vom Brot allein, sondern von jedem Wort, das aus dem Munde Gottes kommt." Und in unserer Geschichte sagt er: „Ich bin das Brot des Lebens; wer zu mir kommt, wird nicht mehr hungern." Gottes Wort, Jesus selbst, das ist es, was wir über das bloße Brot hinaus zum Leben brauchen.

Was mag aber damit gemeint sein: Der Glaube an Jesus ist das Brot, das wir zum Leben brauchen? Man könnte das sehr einfach verstehen, man könnte sagen, der Glaube an Jesus sei das, was meinem Leben Halt verleiht, was mich stützt und tröstet, mir weiterhilft in dunklen Stunden. Daß ich an Ihn glauben darf, ist Kraft auf meinem Weg, ein Licht für meinen Fuß. Manche Menschen können es mit redlichem Herzen bezeugen, daß es so war in ihrem Leben, daß sie diesen Trost und diese Stütze gefunden haben und daß dieses Wort des Evangelisten in ihrem Leben in Erfüllung gegangen ist. Daran ist nicht zu zweifeln, und wer so etwas von sich bezeugen kann, darf sich glücklich preisen.

Aber daneben gibt es auch noch die anderen, die ebenso aufrichtig bezeugen können, daß es in ihrem Leben nicht so war; daß sie, obwohl sie doch auch von Herzen glauben und sich Gott anvertrauen, nichts von Trost und Halt verspüren, wenn es in ihrem Leben dunkel und mühsam wird – Menschen, denen Gott nicht zur Seite steht, wenn es ihnen in ihrem Herzen so bang wird. Wir würden jenen Menschen bitter Unrecht tun, und es uns selber viel zu leicht machen, wollten wir uns darauf hinausreden, daß sie eben doch nicht genug geglaubt haben. Nein, die Verheißung des Evangeliums: „Wer an mich glaubt, wird nicht mehr hungern!" geht so leicht nicht auf. Es stünde uns eher an, bescheiden zuzugeben, daß wir nicht so recht wissen, was damit gemeint ist.

Wenn jemand etwas gefunden hat an Trost und Halt, etwas, das ihm hilft, zu leben und schließlich auch zu sterben, dann darf er sich glücklich preisen. Vielleicht kann man sogar sagen: Alles, was uns Menschen hilft, unser Leben zu bewältigen, ist von Jesus mit diesem Brot mitgemeint. Vielleicht hat die Treue eines Freundes, die einem Menschen hilft, schwere Stunden durchzustehen, etwas zu tun mit Jesus als dem Brot des Lebens. Eine abschließende Antwort wird es da wohl kaum geben, und darum sollten wir vor allem zurückhaltend sein in unserem Urteil darüber, was mit diesem Brot des Lebens gemeint sein könnte und was nicht. Wem in seinem Leben begegnet ist, was er braucht, um menschenwürdig leben und schließlich sterben zu können, der hat gefunden, was Jesus da verheißen hat.

Aber noch eine andere Frage wirft dieser Text auf. Die Juden erinnern im Gespräch an das Brot vom Himmel, das ihre Väter beim Auszug aus Ägypten gegessen hatten. Damals schrie das Volk, dem Hungertode nah, zu Gott, er möge ihm Brot schenken, und Gott ging darauf ein. Er war sich nicht zu schade dafür, einer hilflosen Gruppe von Menschen Nahrung zu verschaffen. Ist das nun eine primitive, längst überwundene Stufe des Glaubens, überwunden gerade durch das Johannesevangelium, das doch ein wenig abschätzig spricht von dem Brot, das den Hunger des Leibes stillt? Ich glaube, daß eine solche Einstellung verhängnisvoll wäre. So wie Gott damals den Glauben der Israeliten nur dadurch vor dem Zusammenbruch schützen konnte, daß er ihnen tatsächlich Brot verschaffte – wie auch immer Er es getan haben mag –, so gibt es auch heute noch Menschen, die zu allererst Brot nötig hätten, um den Glauben an Gott, die Hoffnung auf die Zukunft und die Liebe zu den Menschen nicht zu verlieren. Vielleicht braucht das Johannesevangelium gerade an dieser Stelle eine Korrektur durch das Alte Testament, vielleicht brauchen wir alle immer wieder die Erinnerung daran, daß wir Menschen sind und daß wir auch bei allen Höhenflügen des Glaubens nicht vergessen dürfen, daß wir Brot nötig haben, um den Hunger des Leibes zu stillen.

Wenn der eine oder andere von uns meint, daß sein eigenes Leben abgesichert genug sei, daß er Gott sozusagen nicht als Garanten dafür brauche, so sollte er doch nicht vergessen, daß es auf unserer Erde Menschen genug gibt, deren Glaube so wie der Glaube der Israeliten in der Wüste daran hängt, daß nun wirklich von irgendwoher Brot kommt, das den Hunger stillt und das Leben bewahrt,

Vielleicht müßten wir, die wir in einem relativ abgesicherten Raum leben dürfen, uns ein Wort des russischen Religionsphilosophen Solovjev zu eigen machen, der einmal sagte: „Mein eigenes Brot ist eine materielle Frage, aber das Brot meines Nächsten ist eine geistliche Frage." Also: Ob mein Nächster genug Brot hat zum Leben oder nicht, das geht mich im Glauben etwas an. Es wäre ein furchtbarer Mißbrauch des Wortes Gottes, wollten wir einen hungernden Menschen damit vertrösten, daß wir ihn auf Jesus als das eigentliche Brot des Lebens verweisen.
Und so mag es sein, daß dieser Abschnitt des Johannesevangeliums ebenso viele Fragen aufwirft, wie er beantwortet, weil jede Antwort, die man sich so zurechtgelegt hat, mit einem „Ja, aber" wieder ins Wanken gebracht werden kann. Und das müssen wir wohl auch aushalten. Jesus ist das Brot des Lebens, gewiß, aber nicht er isoliert, sondern er in allen seinen Brüdern, mit denen er sich identifiziert, mit ihrer Nächstenliebe, ihrer Sorge, ihrer Zuneigung zueinander. Jesus ist das Brot des Lebens, aber für viele Menschen vor allem dadurch, daß er uns im Glauben verpflichtet, den Hungernden Brot zu schaffen, damit auch sie leben können.

Ist der Herr in unserer Mitte oder nicht?

In der Wüste dürstete das Volk nach Wasser und murrte gegen Mose. Sie sagten: Warum überhaupt habt ihr uns aus Ägypten hierher geführt? Um uns, unsere Söhne und unser Vieh verdursten zu lassen? Mose schrie zum Herrn: Was soll ich mit diesem Volk anfangen? Es fehlt nur wenig und sie steinigen mich! Der Herr antwortete Mose: Geh am Volk vorbei und nimm einige von den Ältesten Israels mit; nimm auch deinen Stab in die Hand, mit dem du auf den Nil geschlagen hast, und mach dich auf! Dort drüben auf dem Felsen am Horeb werde ich vor dir stehen. Dann schlag an den Felsen! Es wird Wasser herauskommen, und das Volk kann trinken. Das tat Mose vor den Augen der Ältesten Israels. Den Ort nannte er Massa und Meriba (Probe und Streit), weil die Israeliten Streit begonnen und den Herrn auf die Probe gestellt hatten, indem sie sagten: Ist der Herr in unserer Mitte oder nicht? (Ex 17,1–7)

Gegen Gott darf man nicht aufbegehren. Aus seiner Hand müssen wir Menschen nehmen, was er austeilt – „Der Herr hat gegeben, der Herr hat genommen, der Name des Herrn sei gepriesen!" Wir dürfen uns nicht auflehnen, nicht „Warum?" fragen, von ihm keine Wunder zu unseren Gunsten verlangen. So haben wir Christen es wohl alle gelernt, und so versuchen sicherlich viele, ihr Leben zu bewältigen. Doch viele kennen auch Augenblicke, in denen leise Zweifel im Herzen aufkeimen, ob es mit dieser Haltung wohl seine Richtigkeit habe. Und viele fragen sich dann aber doch, ob dieser Zweifel nicht eigentlich schon der Beginn des Unglaubens sei, eine Sünde für uns Christen.
In einer solchen Situation mag es befreiend sein zu sehen, daß diese Unsicherheit, wie wir Menschen wohl mit Gott umzugehen haben, sich durch die ganze Heilige Schrift zieht, und der Text aus dem Buch Exodus gibt eine etwas andere Antwort, als wir zu vernehmen gewohnt sind. Da wird erzählt vom Volk Israel, das auf Gottes Wort hin aus Ägypten ausgezogen ist. Gott hat ihm durch den Mund des Mose großartige Versprechungen mit auf den Weg gegeben: Da war die Rede von einem Land, wo Milch und Honig fließt, da war die Zusicherung, Gott werde seinem auserwählten

Volk beistehen und es behüten und bewahren. Und auf einmal sehen sich die Israeliten in der Wüste dem drohenden Dursttod ausgeliefert. Der Widerspruch zwischen den Verheißungen, mit denen sie sich auf den Weg gemacht haben, und der Wirklichkeit in der Wüste war zu kraß, um einfach hingenommen zu werden. Und so lehnt sich das Volk auf, nicht so sehr gegen Mose – er ist nur Vermittler –, sondern gegen Gott: Er soll wenigstens die allergrößte Not beseitigen, will er überhaupt glaubwürdig sein. Die Geschichte endet mit der Frage des Volkes: Ist denn nun der Herr in unserer Mitte oder ist er es nicht?!

Und das Merkwürdige: Gott läßt sich auf diese Empörung ein. Er reagiert darauf nicht etwa mit Zorn – „So redet man nicht mit mir!" –, sondern er schafft die verlangte Abhilfe, er sorgt wunderbar für Wasser. Und es steht nirgendwo, daß er es doch eigentlich nicht nötig gehabt hätte, sich auf eine solche Probe einzulassen. Vielmehr wird die ganze Geschichte so erzählt, als ob das Volk, das sich in äußerster Not befand, durchaus das Recht gehabt hätte, von Gott zu erwarten, daß er sich zeigt, daß er hilfreich eingreift. Wenn er wirklich in unserer Mitte sein will, dann muß er sich auch zeigen, wenigstens dann, wenn Menschen wirklich in großer Gefahr sind. Sonst ist er einfach nicht mehr glaubhaft. Wenn er sich niemals zeigt, wie soll man dann seine Verheißungen noch ernst nehmen? Freilich klingt später in den Psalmen auch Kritik am Verhalten des Volkes durch: Es habe sein Herz verhärtet, Gott auf die Probe gestellt, obwohl sie doch schon trockenen Fußes durch das Schilfmeer gezogen waren und die Ägypter hatten ertrinken sehen. Aber auch in diesem Psalm wird auf Gottes Wunder verwiesen, die er zugunsten seines Volkes gewirkt hat, und nicht etwa verlangt, Israel hätte eigentlich blind glauben und vertrauen müssen, ohne je mit eigenen Augen zu sehen, wie wunderbar Gott das Heil für seine Menschen schaffen kann.

Das alles ist für uns heutige Christen vermutlich gar nicht so leicht nachzuvollziehen. Wir haben eine lange Tradition hinter uns, die uns gelehrt hat, so direkt dürften wir Gläubigen nicht mit Gott umgehen, nicht mit ihm reden, nicht streiten, nicht ein Wunder von ihm verlangen. Man hat uns allzu oft gelehrt, der wahre Glaube vertraue letztlich blind auf den unsichtbaren Gott. Die eigent-

liche Wirkung des Glaubens sei, daß er dem Leid eine geistliche Dimension hinzufüge, uns Trost im Leid spende, vielleicht auch uns Aussicht mache auf ein besseres Leben nach dem Tod. Und über all den frommen Erwägungen ist in Vergessenheit geraten, daß unser Glaube seine Beziehung zur Wirklichkeit verliert, wenn im Alltag nichts von ihm zu erwarten ist. Daß Überhöhung und Vergeistlichung auch eine Aushöhlung bedeuten kann, wenn in Vergessenheit gerät, wie sehr Gottes Verheißungen sich um unser alltägliches Leben drehen.
So meine ich, ist es eine wirkliche Gefahr für den Glauben, niemals im Leben, auch in äußerster Not nicht, die Frage zu stellen: Ist denn nun Gott in unserer Mitte oder nicht?! Wenn es einen Gott gibt, der uns Menschen liebt, dann soll er zum Vorschein kommen – was hätten wir nur von einem leeren Namen? Wenn Gott uns immer wieder Verheißungen anbietet, dann sollten wir ihn auch beim Wort nehmen. Wäre es nicht fast ein Zeichen von Hochmut, wollten wir darauf antworten: „Das haben wir doch nicht nötig – wir glauben blind!"? Wenn Gott sich uns offenbart als eine Hand, die befreit, als ein Gott, der tut, was er sagt, dann dürfen wir Menschen ihn auch so annehmen. Vielleicht haben wir es auch einfach verlernt, die Frage zu stellen: „Ist denn nun Gott in unserer Mitte oder nicht?!" – so daß wir auch gar nicht mehr recht imstande sind, eine Antwort auf diese Frage zu hören. Wer nichts erwartet zu hören, der überhört um so leichter. Und wer von Gott nichts erwartet, dem wird er sich wohl kaum aufdrängen.
Freilich: Wer von vornherein nichts erwartet, der erspart sich auch die Enttäuschung. Das Volk Israel hat zwar bei Massa und Meriba die Hilfe Gottes erfahren, aber wieviele Enttäuschungen, wieviel äußerste Angst und Hilflosigkeit hat der Weg durch die Wüste und der weitere Lauf der Geschichte bis auf den heutigen Tag für das auserwählte Volk bereitgehalten! Vielleicht müßte darum ein jeder sich selber entscheiden, ob er seinen Glauben paaren will mit stoischem Gleichmut, der kein Wunder erwartet und darum nicht enttäuscht werden kann, oder ob er immer wieder neu fragen will: „Ja, ist der Herr nun in unserer Mitte oder nicht?!" – freilich mit dem Risiko, daß es auch einmal keine Antwort gibt und zum Leid noch die Enttäuschung hinzutritt. Freilich denke ich, daß der Gott

Jesu, den wir „Vater“ nennen dürfen, sich lieber von uns auf die Probe stellen läßt, als daß wir gar nichts von ihm erwarten sollten. Und warum er so oft geschwiegen hat – vielleicht werden wir es einmal erfahren dürfen, wenn wir ihn schauen von Angesicht zu Angesicht.

Macht euch keine Sorgen

Fragt nicht: Was sollen wir essen, was sollen wir trinken, was sollen wir anziehen? Denn um all das geht es den Heiden. Euer Vater im Himmel weiß, daß ihr das alles braucht. Euch soll es zuerst um das Reich Gottes und seine Gerechtigkeit gehen; dann wird euch alles andere dazugegeben. Sorgt euch also nicht um morgen; denn der morgige Tag wird für sich selber sorgen. Jeder Tag hat genug mit seiner eigenen Plage. (Mt 6,31–34)

„Lieber Gott, gib auf uns acht, denn das Meer ist so groß und unser Boot ist so klein!" Diesen Text fand ich einmal abgedruckt als ein altes Gebet bretonischer Fischer. Es gäbe wohl manche unter uns, die auch so beten möchten, weil sie sich irgendetwas Großem und Gewaltigem ausgeliefert fühlen, das sie nicht zähmen, nicht bändigen können. Wohl jeder Mensch erlebt es einmal: daß er Angst hat vor dem, was kommen könnte, ohne daß er selber irgendetwas daran ändern kann. So manches in unserer Welt ist für uns Menschen lenkbar und darum auch unserer Verantwortung übergeben, aber es bleibt immer genug übrig, dem wir klein und hilflos gegenüberstehen, so wie die bretonischen Fischer mit ihrem kleinen Boot auf hoher See.

Und da sagt Jesus: Macht euch keine Sorgen! Gott weiß, was ihr braucht. Das ist gar nicht so leicht zu verstehen. Denn so wie jenes Gebet der bretonischen Fischer lebt von der bitteren Erfahrung, daß so manche von ihnen draußen auf See geblieben sind, so erfahren auch wir es immer wieder: Menschen haben Angst und flüchten sich in ihren Nöten zu Gott, aber nicht jeder findet Geborgenheit; viele bleiben auch da draußen auf See zurück. Warum das so ist und wie es sich vereinbart mit Jesu Wort vom treusorgenden Vater – ich weiß es nicht. Aber immerhin gibt mir dieses Wort Jesu den Mut, Gott daraufhin anzusprechen. Es gibt mir den Mut, daran zu erinnern, daß da eine Verheißung ist, deren Erfüllung noch aussteht. Wenn ich bete: „Lieber Gott, gib auf mich acht, denn das Meer ist so groß und mein Boot ist so klein!" – dann belästige ich ihn nicht mit Sorgen, die ich lieber bei mir hätte belassen sollen. Nein, unsere Sorgen gehen Gott etwas an.

Was hier Jesus von Gott sagt, ist tröstlich darum, weil uns deutlich gemacht wird: Dieser himmlische Vater hat Ohren, die wirklich hören, und ein Herz, das sich erbarmt. Er thront nicht in erhabenen, unerreichbaren Himmelshöhen, er übersieht nicht großzügig unsere Alltagssorgen, er hält sich nicht aus allem heraus. Nein, unsere Sorgen gehen Gott etwas an, er mischt sich darum ein in unsere Welt. Gott weiß, daß wir Nahrung und Kleidung brauchen, sagt Jesus. Wir sollen uns nicht darum sorgen, aber nicht etwa, weil das doch eigentlich nur unwesentliche Dinge sind, sondern weil wir einen an der Seite haben, der unsere Sorgen teilt. Der Mensch lebt nicht nur vom Brot, aber er lebt auch vom Brot, er kann gar nicht leben ohne Brot, nur in geistiger Verzückung. Und Gott weiß das, sagt Jesus. Das Volk Israel hat es am eigenen Leib erfahren, damals in der Wüste, beim Auszug aus Ägypten. Das Volk war vor dem Verhungern und schrie zu Gott – und Gott gab Brot, ließ Manna regnen. Er tat das einzige, was dem verhungernden Volk wirklich helfen konnte: Er gab ihm zu essen.
Freilich, wenn wir Gottes Aufmerksamkeit auf uns lenken, dürfen wir dabei nicht übersehen, daß da neben uns auch noch andere Menschen sind, die diese Aufmerksamkeit suchen. Wir sind nicht die einzigen, niemand ist Gottes einziges Kind. Nicht, als ob Gott nicht genug Hände hätte, um vielen zu helfen! Aber wie, wenn ich um etwas bitte, was mir helfen, anderen aber schaden würde? „Verschon mein Haus, zünd andern ihres an!" – heißt es in einem Lied, mit dem wir uns selbst ein wenig hinter die Karten schauen. Ich kann nicht darum bitten, daß Blitz und Hagel an meinem Haus vorbeiziehen bis zum Nachbarn, ich kann nicht darum beten, daß der Gummiknüppel nicht mich, sondern meinen Nebenmann treffe. Ich kann Gott nicht um Segen bitten für meine Waffen, mit denen ich im Ernstfall auf andere zielen werde. Ich kann nicht beten um Erfolg, mit dem ich anderen den Lebensraum beschneide. Gott wird niemals Partei ergreifen für mich gegen meinen Nächsten. Er liebt alle seine Kinder gleich, und sollte er je Partei ergreifen, dann höchstens zugunsten derer, die sonst gar keine Freunde, keine Hilfe haben.
Und Gottes Liebe macht nicht halt bei uns Menschen, sie reicht weiter bis zu den Spatzen auf dem Dach und den Lilien auf dem

Feld. Sie reicht bis zu den Kornblumen und dem Mohn, die auf unseren Feldern nichts mehr verloren haben, weil sie als Unkraut unseren Nutzpflanzen ein wenig Nahrung wegnehmen. Gottes Liebe gilt auch dem Unkraut, das wir nicht leben lassen wollen. Es gilt auch den Vögeln und so manchen anderen Tieren, deren Lebensraum immer mehr eingeschränkt wird und von denen einige wohl bald ganz aussterben werden. Gott unterscheidet nicht zwischen lebenswert und lebensunwert, und er unterscheidet auch nicht danach, was uns Menschen allein nützt. Wenn wir schon die Krone der Schöpfung sein wollen, dann in dem Sinne, daß wir – wie jeder gute König – hüten und schützen und entfalten helfen, und nicht wie ein Despot ausbeuten und versklaven.
Es mag darum sein, daß ein Text wie dieser uns ermutigt, Gott freimütiger mit unseren Sorgen zu konfrontieren, so wie jene Fischer im kleinen Boot auf hoher See. Aber er mag uns auch daran erinnern, was wir eigentlich von Gott erbitten sollen: nämlich das Wohl und Gedeihen seiner ganzen Schöpfung. Wenn wir den Rahmen sprengen wollen, in den wir hineingestellt sind, dann wird Gott uns dabei gewiß nicht auch noch behilflich sein. Er hilft dem Räuber nicht, seine Beute unter Dach und Fach zu bringen; er hilft auch nicht zuerst da, wo einer lang und beharrlich betet, sondern da, wo seine Hilfe wirklich Not tut. Er hilft da, sagt Jesus, wo Menschen das Reich Gottes suchen und seine Gerechtigkeit. Er hilft da, wo Menschen den Frieden versuchen, den Frieden von Menschen, von Völkern untereinander, den Frieden zwischen uns Menschen und der übrigen Schöpfung. Er hilft da, wo Menschen schon einmal beginnen mit diesem Reich Gottes, indem sie beginnen, Tränen abzuwischen und Leid zu lindern.
All unsere kritischen Anfragen an das Beten wird uns niemand abnehmen. Wer sich damit herumschlagen muß, der wird es wohl tun bis zum bitteren Ende.
Aber Jesus ermutigt uns, es immer wieder zu versuchen mit diesem Bitten. Und Paulus fügt dem in seinem Brief an die Römer hinzu: „Der Geist hilft unserer Schwachheit auf, denn wir wissen nicht, was wir beten sollen!“ Wir wissen vielleicht wirklich nicht mehr, wie wir beten sollen als Glieder dieser großen Menschheitsfamilie, als Glieder dieser Schöpfung Gottes. Aber wir brauchen uns nicht

einmal Sorgen zu machen, ob wir auch die richtigen Worte finden. Gott selber tritt für uns ein, er spricht in uns, aus uns heraus. Und darum kann Paulus auch sagen: „Wir glauben, daß Gott bei denen, die ihn lieben, alles zum Guten führt.“

Laßt beides wachsen bis zur Ernte

Jesus erzählte seinen Jüngern ein Gleichnis: Mit dem Himmelreich ist es wie mit einem Mann, der guten Samen auf seinen Acker säte. Während nun die Leute schliefen, kam sein Feind und säte Unkraut unter den Weizen und verschwand. Als die Saat aufging und Frucht ansetzte, kam auch das Unkraut zum Vorschein. Da gingen die Knechte zum Gutsherrn und sagten: Herr, hast du nicht guten Samen auf deinen Acker gesät? Woher kommt dann das Unkraut? Da antwortete er ihnen: Das hat einer meiner Feinde getan. Da sagten die Knechte zu ihm: Sollen wir hingehen und es ausjäten? Er entgegnete ihnen: Nein, sonst reißt ihr beim Jäten des Unkrauts auch den Weizen mit aus. Laßt beides wachsen bis zur Ernte. Wenn dann die Zeit der Ernte kommt, werde ich den Arbeitern sagen: Sammelt zuerst das Unkraut und bindet es in Bündel, um es zu verbrennen; den Weizen aber bringt in meine Scheune. (Mt 13,24–30)

Mit dem Himmelreich verhält es sich wie mit einem Feld, auf dem mitten unter dem Weizen auch viel Unkraut wächst. Mit diesem anschaulichen Bild greift Jesus etwas auf, was für seine Zuhörer damals selbstverständlich war und dennoch ärgerlich. Man mußte damit leben, daß nie nur das wuchs, was man selber ausgesät hatte, und daß sich da mancherlei Unkraut breitmachte und den Nutzpflanzen den Lebensraum stahl. Dafür brauchte man nicht einmal unbedingt einen bösen Feind zur Erklärung – Unkraut sät sich nun einmal selber aus und ist nicht kleinzukriegen. Und Jesu Erzählung geht auch so weiter, wie seine Zuhörer es erwarteten: Wenn es einmal so weit ist, muß man eben beides wachsen lassen. Man kann nicht jäten, ohne den Weizen mit herauszureißen und zu zertrampeln. Tröstlich ist nur, daß am Ende, wenn man dann endlich beides voneinander scheiden kann, immer noch eine akzeptable Ernte herauskommt.

Das selbstverständliche Kopfnicken, das Jesus bei seinen Zuhörern damals für ein solches Bild gefunden haben mag, würde er angesichts unserer Felder heute wohl kaum von uns erhalten. Die Älteren unter uns kennen sie zwar noch, die Getreidefelder voller Kornblumen und Klatschmohn und Schachtelhalm, aber heute finden wir sie kaum noch, und lange haben wir das für einen Fortschritt gehalten, dessen geringer Preis gut zu zahlen war. Erst jetzt, da ganz langsam deutlich wird, was unsere Unkraut- und Ungeziefervernichtungsmittel in der Natur angerichtet haben, mag manch einer ans Nachdenken kommen und die alten, bunten Felder zurückwünschen.

Aber Jesus erzählt dieses Gleichnis ja nicht, um uns über Landwirtschaft zu informieren. Ihm geht es um das Reich Gottes, und um uns, die Menschen, die danach suchen. Und so vergleicht Jesus das Feld mit Weizen und Unkraut dicht beieinander mit dem Beginn des Reiches Gottes unter uns. Und er sagt: Man kann Unkraut und Weizen nicht trennen, und darum laßt beides wachsen bis zur Ernte. Was mag er damit gemeint haben?

Vielleicht hat Jesus dabei die Schar seiner Jünger vor Augen gehabt, die schon zu seinen Lebzeiten und später nach Ostern auszogen, um Jesu Verkündigung in alle Lande zu tragen. Ob sie immer alles richtig verstanden hatten, was er meinte? Und ob sie immer ihre Worte so zu wählen, so in fremde Sprachen zu übersetzen wußten, daß die Leute heraushören konnten, was Jesus gemeint hatte? Und wenn diese Neubekehrten dann ihrerseits auszogen, um die Botschaft weiterzutragen, ob sie immer und in jedem Satz wirklich sagen würden, worum es Jesus ging? Gewiß, Jesus hat allen seinen Gläubigen den Beistand des Heiligen Geistes verheißen, der dafür sorgt, daß die ganze Verkündigung nicht irgendwann einmal völlig vom Weg abirrt und das Wort Jesu mit einem anderen Evangelium vertauscht. Aber das sagt doch wahrhaftig nicht, daß der Heilige Geist jedes einzelne Wort eines Gläubigen untersucht und für dessen Rechtgläubigkeit einsteht. Wieviel Unkraut muß sich da im Lauf der Zeit inmitten des Weizens ansammeln!

Und mit diesem Unkraut im Weizen des Evangeliums ist es nicht viel anders als mit allem übrigen Unkraut. Es braucht eigentlich gar keinen bösen Feind, keinen bösen Willen, keine böse Absicht – als ob irgendein Jünger Jesu, der es wirklich ernst meint, je mit Absicht solches Unkraut aussäte! Nein, Unkraut sät sich leider selber aus, es ist schon da, bevor irgendetwas anderes überhaupt im Acker aufgehen kann. Und darum ist ja auch die Versuchung so

groß, Gott dafür anzuklagen, daß er dieses Unkraut überhaupt wachsen läßt. Und die nächste Versuchung ist es wohl, seine Schöpfung ein wenig zu korrigieren und die Ordnung herzustellen, die er selber herzustellen offenbar nicht bereit ist.
Und Jesus mahnt mit seinem Gleichnis: Gebt euerem Wunsch nach klaren Verhältnissen, nach übersichtlicher Ordnung nicht nach! Laßt das Unkraut wachsen. So wie es beim Aufgehen der Saat wirklich schwer ist, Unkraut und Weizen zu unterscheiden, und darum kein Vernünftiger auf die Idee käme, gerade dann zu jäten, so ist es eben auch mit der Verkündigung. Stopft nicht gleich einem den Mund, der euerer Meinung nach mein Wort nicht genau so weitersagt, wie ihr es für richtig haltet. Ihr könnt es ja doch nicht unterscheiden! Wer das Wort ergreift, wird selber oft genug nicht wissen, ob es nun Unkraut ist oder Weizen, was er aussät, und irgendein anderer wird es erst recht nicht wissen – wenn die Saat gerade erst zu keimen beginnt, kann man es einfach noch nicht unterscheiden! Erst am Ende, bei der Ernte, da wird es sich zeigen, da wird geschieden.
Darum warnt Jesus vor allem vorschnellen Eingreifen, vor allem Urteilen und Verurteilen. Er möchte nicht, daß seine Jünger übereinander zu Gericht sitzen und einer dem anderen vorrechnet, ob da Unkraut oder Weizen gesät wurde. Als ob wir kurzsichtigen Menschen das unterscheiden könnten! Die christlichen Kirchen alle miteinander haben diese Mahnung Jesu freilich nicht gern gehört. Ein Blick in die Kirchengeschichte beweist, daß sie das Jäten und Ausreißen und Verbrennen vor der Zeit nicht haben lassen können, und daß dabei auch wirklich viel Weizen mit zugrunde gegangen ist. Sie haben sich bei ihrem Tun auf ihre Verantwortung für das Evangelium berufen, und sie haben das, was sie getan haben, sicher nicht mit Absicht in Widerspruch zu Jesu Wort getan. Und dennoch war es ein solcher Widerspruch – man könnte sagen: Wer vor der Zeit Unkraut verbrennt, ist im Grunde ebenso wie einer, der es aussät. Mag sein, daß beide guten Willen haben, doch letztlich handeln beide gegen Jesu Gebot. Es ist schwer, Unkraut stillschweigend wachsen zu lassen, gewiß, und schöner wäre es, es gäbe all dies unnütze Gewächs nicht. Aber da es nun einmal wächst...

Vielleicht würde Jesus in unseren Tagen sein Gleichnis noch weitererzählen und sagen: Auf eueren Feldern habt ihr ja versucht, das Unkraut auszurotten, und euch wird bereits die Misere deutlich, die ihr damit angerichtet habt. Man greift nicht ungestraft in das Leben ein! Nun lernt wenigstens daraus – immerhin handelt es sich ja „nur“ um Kornblumen und nicht um Menschenherzen! Nachdem ihr es einmal mit dem Ausrotten versucht habt und die Ergebnisse seht, hört dann endlich – aus Erfahrung kluggeworden – auf meine Weisung und laßt das aus dem Spiel, was Menschen am heiligsten ist: ihren Glauben. Wenn man nicht einmal mit Mohnblumen und Schachtelhalm so umgehen darf, dann erst recht nicht mit Menschen. Laßt das Anklagen und Richten und Verurteilen, als ob auch nur einer von euch an Gottes Seite gestanden wäre und geschaut hätte, was nur er, der Erhabene, schaut. Vergeßt nicht, wer ihr seid: schwache, fehlbare Menschen, auch schwach und fehlbar in euerem Urteil. Überlaßt das Urteilen Gott: Er wird wissen, was von dem kostbar war, was auf eueren Feldern wuchs. Vielleicht werdet ihr euch am Ende über Gottes Urteil wundern, denn schließlich waren die Lilien auf dem Felde, die Jesus so pries, eigentlich auch nichts anderes als Unkraut.

Hundertfache Frucht

Ein Sämann ging aufs Feld, um zu säen. Als er säte, fiel ein Teil der Körner auf den Weg, und die Vögel kamen und fraßen sie. Ein anderer Teil fiel auf felsigen Boden, wo es nur wenig Erde gab, und ging sofort auf, weil das Erdreich nicht tief genug war; als aber die Sonne hochstieg, wurde die Saat versengt, und weil sie keine Wurzeln hatte, verdorrte sie. Wieder ein anderer Teil fiel in die Dornen, und die Dornen wuchsen und erstickten die Saat. Ein anderer Teil schließlich fiel auf guten Boden und brachte Frucht, teils hundertfach, teils sechzigfach, teils dreißigfach. (Mt 13,3–8)

Was hat Jesus eigentlich mit dieser Geschichte vom Sämann über das Reich Gottes erzählen wollen? Er beginnt doch damit: Mit dem Reich Gottes verhält es sich wie mit einem Sämann, der Saatgut auf seinen Acker bringt. Es wird etwas erzählt vom Reich Gottes, und ich meine, es wird etwas sehr Trostvolles erzählt. Denn sehen wir doch nur: Soviel Saat geht verloren durch steinigen Boden, durch die Unbill der Witterung, durch das überwuchernde Unkraut – und dennoch gibt es am Ende eine reiche Ernte, teils sogar hundertfachen Ertrag. Aus einer Handvoll Saat werden so viele schwere Ähren, die das Brot für das nächste Jahr sichern! Habt also keine Angst, wenn ihr seht, daß längst nicht jedes Saatkorn aufgeht, denn am Ende wird Frucht da sein in Fülle. So wie mit dieser Saat, sagt Jesus, wird es auch sein mit dem Reich Gottes. Überall beginnt sich etwas zu regen, überallhin hat Jesus die Saat seiner Verkündigung vom Reiche Gottes ausgestreut. Aber es geht nun nicht jedes Korn auch wirklich auf: Manches ist in den Wind gesprochen, bei manchem kommt die Verkündigung gar nicht richtig an, sondern wird gleich wieder fortgeweht. Bei anderen wird sie erstickt unter so vielem anderen, was ein Mensch für noch wichtiger hält. Man könnte verzweifeln darüber! Jesus hätte verzweifeln können darüber, daß längst nicht alle, die seine Verkündigung hörten, sich nun auch wirklich einließen auf den Weg der Nachfolge. Und auch jeder, der nun in seinem Namen und Auftrag auszieht, um anderen die Verkündigung Jesu nahezubringen, könnte verzweifeln darüber, wie oft er in den Wind

spricht. Und da sagt Jesus: Verzweifelt nicht zu früh! Das Leben ist gar nicht so angelegt, daß jede Saat unbedingt Frucht bringen muß, auf keinem Acker der Welt bringt jedes Korn eine Ähre! Ihr werdet sehen: Obwohl soviel in den Wind gesprochen zu sein scheint, wird es am Ende eine überreiche Ernte geben.
Ich meine, daß dieses Gleichnis auch allem finsteren Drohen, allem wildentschlossenen „Jetzt-oder-Nie-Predigen" entgegentritt. Es ist nicht so, daß jeder, der einmal in seinem Leben eine Chance verpaßt hat, keine zweite mehr bekommen wird. Es ist so viel Saat in der Welt! Und die überreiche Frucht einiger von heute wird im nächsten Jahr neue Saat werden. Vielleicht, daß bis dahin aus dem steinigen ein guter Boden geworden ist, daß die Dornen selber verdorrt sind und ein Rinnsal genügend Wasser spendet für das Keimen der guten Saat. Das Leben geht weiter. Und so, sagt Jesus, ist es auch mit dem Reich Gottes. Es gibt genug Saat in der Welt. Wer heute nicht hört, wird vielleicht morgen sein Herz für die Botschaft bereithalten, und am Ende wird die Frucht überreich sein, wer weiß.
Macht euch keine Sorgen darüber, sagt Jesus, daß das Reich Gottes einen so kleinen, so unscheinbaren Anfang in euerer Mitte nimmt. Jede Saat fängt klein an, jedes Korn verschwindet erst einmal im Boden, und dann sieht man eine Weile überhaupt nichts mehr von ihm. . . Man könnte meinen, es sei verloren. Doch dann fängt es mit einem Mal hier und da zu keimen an, und dann sieht man, daß es sich doch gelohnt hat. Auch wenn nicht jedes Saatkorn aufgeht, wächst mehr als genug. Auch wenn nicht alle, die von der Verkündigung erreicht wurden, dem Reich Gottes die Wege bereiten, so wächst es doch unaufhaltsam weiter. Ein kleiner, unscheinbarer Anfang – aber dann ein gutes Ende, eine reiche Frucht!
Es mag für Jesu Jünger ein Problem gewesen sein, daß viele die Entscheidung der Jünger zur Nachfolge nicht mit ihnen teilen wollten. Es mag für sie ein Problem gewesen sein, daß sie eben eine „kleine Herde" waren und blieben. Es mag ein Problem gewesen sein, daß Jesu Predigt zwar Anklang fand, daß aber die große Wende, der Einbruch des Reiches Gottes in unsere Welt hinein nicht zu erkennen war. Und geht es nicht vielen Christen ähnlich, daß sie sich fühlen als kleine Herde, als versprengtes Häuflein?

Gibt es nicht in unseren christlichen Kirchen auch so etwas wie eine trotzige Weltuntergangsstimmung, so etwas wie einen allgemeinen Pessimismus, der überall Niedergang und Verfall wittert? Sind wir nicht oft mehr mit all jener Saat beschäftigt, die nicht aufzugehen scheint, untersuchen die Gründe dafür und finden sie in der Schlechtigkeit der Menschen, als daß wir den Blick richteten auf das, was keimt und hundertfältige Frucht zu tragen verspricht? Denn daß heute wie zu allen Zeiten genug Saat aufgeht, die diese verheißene Frucht tragen wird, daran kann gar kein Zweifel bestehen! Wir sollten es der Saat und dem Sämann nicht übelnehmen, daß nicht aus jedem Korn eine Ähre wird. Und wir sollten es auch dem steinigen Boden, den Vögeln des Himmels, der Sonne und den Dornen nicht allzu übel nehmen, daß sie so manchem Samenkorn den Geraus machen. Wenn Gott unsere Welt nun einmal so erschaffen hat, wie sie ist, dann brauchen wir den Schöpfer nicht zu korrigieren und nicht von jedem Korn zu erwarten, was er von ihm niemals erwarten würde. Er, der Hochgelobte, hat Geduld. Warum sollten wir sie dann nicht aufbringen?
Statt über all die verlorenen Körner zu grübeln, sollten wir lieber unsere Herzen bereiten und unsere Hände ausstrecken nach diesem Reich Gottes, nach dieser Anwesenheit Gottes mitten unter uns Menschen, die uns verheißen ist. Wir sollten lieber all die resignierenden Gedanken beiseiteschieben, daß ja doch nichts zu hoffen sei, daß das Ende ohnehin schon greifbar nahe sei. Wir sollten lieber in uns suchen, ob wir nicht doch noch etwas von dieser freudigen Erwartung in uns finden könnten, die auch den Sämann beflügelt, wenn er sein Werk vollendet hat. Es wird etwas kommen, die Saat wird aufgehen, und am Ende werden wir miteinander Erntefest feiern. Jesus hat das Kommen des Reiches oft mit einem Fest verglichen – warum sollten wir uns also nicht darauf freuen? Denn eines ist gewiß: Der Herr wird niemanden zurückweisen, der freudigen Herzens zu ihm kommt.

Nicht den Frieden, sondern das Schwert

Glaubt nicht, ich sei gekommen, Frieden auf Erden zu bringen. Ich bringe nicht den Frieden, sondern das Schwert. Ich bin gekommen, den Sohn gegen seinen Vater aufzubringen und die Tochter gegen ihre Mutter. (Mt 10,34f)

Ein hartes Wort Jesu überliefert uns das Evangelium. Wonach sehnen wir Menschen heute und wohl zu allen Zeiten uns mehr als nach Frieden? Und da sagt Jesus von sich selbst, er sei nicht gekommen, Frieden zu bringen! Und wonach sehnen wir uns mehr als nach Einheit, Einheit unseres Volkes, unserer Kirchen, unserer zerrissenen Welt? Und da sagt Jesus – wie uns der Evangelist Lukas überliefert –, er sei gekommen, um Spaltung zu bringen! Harte Worte wahrhaftig und sicher auch Worte, die leicht mißzuverstehen sind, leicht auch zu mißbrauchen. Wie leicht kann jeder, der mit dem Kopf durch die Wand will, der von nichts anderem beseelt ist als von seinem eigenen Starrsinn und seiner Unversöhnlichkeit, sich auf ein solches Wort berufen! Gefährliche Worte sind es also, und es wäre nicht aus der Luft gegriffen, wenn manch einer denken sollte, es wäre besser, sie stünden überhaupt nicht im Evangelium. Wenn wir dafür um so mehr von jenem Jesus lernten, der von sich selber sagte, er wolle das geknickte Rohr nicht brechen und den glimmenden Docht nicht löschen, denn er sei sanftmütig und demütig von Herzen!

Aber dennoch, diese Worte stehen im Evangelium, und so ist es uns aufgetragen, sie zu verstehen zu suchen, so gut es nur geht. Vielleicht fällt es uns ein wenig leichter, das Gemeinte zu begreifen, wenn wir uns an das Schicksal des Propheten Jeremia erinnern. Er hat von Gott einen schwierigen Auftrag bekommen: In einer Zeit, in der das Ende des Staates Juda schon mit Händen zu greifen ist, das Unheil schon vor der Tür steht, versuchen die Verantwortlichen des Volkes immer noch, sich Illusionen zu machen. Sie reden vom Endsieg und halten sich Hofpropheten, die ihr Amt dazu mißbrauchen, vom Frieden zu schwatzen. Sie lullen das Volk ein mit ihren Worten, Gott werde sein Volk schon nicht verlassen,

man könne ganz unbesorgt sein, wenn man nur alle Kräfte sammle, um den Sieg auch wirklich zu erkämpfen. Und da bekommt Jeremia den Auftrag, dem Volk die Augen zu öffnen. Er muß den Willen Gottes verkünden: Jerusalem wird zerstört, das Volk zerstreut werden. Es hat keinen Zweck, auf ein gutes Ende zu hoffen, vielmehr sollen sich alle auf die kommende Notzeit einstellen, um ihr gewachsen zu sein; alle sollen sich mühen, die Prüfung zu durchstehen, damit das Leben weitergehen kann. Und Jeremia muß auch Gottes Urteil aussprechen über jene Hofpropheten, die den Namen Gottes für ihr eignes Gerede mißbraucht haben: „Wehe über jene, die da rufen: ‚Friede! Friede!' und es ist doch kein Friede!"
Ein harter Auftrag, und Jeremia hat mehr als einmal gemeint, darunter zerbrechen zu müssen. Er ist verfolgt, eingesperrt, mißhandelt und wahrscheinlich auch getötet worden. Gewiß hätte er lieber vom Frieden gesprochen, vom Heil, von der Versöhnung, von der Befreiung. Gewiß hätte er, wie wenig später der Zweite Jesaja, lieber getröstet, Wunden verbunden, die Verzagten aufgerichtet. Aber in seinem Leben war nicht Zeit dazu; und es war wichtig, daß einer das Volk vorbereiten konnte auf die schweren Zeiten, es innerlich festigte und auf das Überleben hinführte. Um dieses Auftrages willen nahm er es auf sich, daß andere sich von ihm abwandten, gegen ihn hetzten – wenn nur wenigstens einige in sich gingen und den schweren Weg ins Exil auf sich nahmen.
Auf diesem Hintergrund mag es leichter verständlich sein, was es mit den harten Worten Jesu im Evangelium auf sich hat. Auch Jesus, der sich selber „sanftmütig und demütig von Herzen" nannte, der die „Milden", die „Barmherzigen", die „Friedensstifter" seligpries, hätte wohl lieber nur vom Frieden, vom Heil, von der Versöhnung geredet. Aber sicher wußte er nur zu gut: Seine Botschaft würde unvermeidlich Zertrennung und harte Auseinandersetzung mit sich bringen. Familien würden sich aufteilen in solche Glieder, die ihm nachfolgen, und in andere, die das lächerlich finden, Freundschaften würden darüber zerbrechen. Und die Menschen, die ihm nachfolgten, sollten nicht hilflos vor dieser Erfahrung stehen. Wenn wirklich gar nichts anderes zählte als die Sanftmut, als das Friedenstiften, wie soll sich dann einer gegenüber

einer Umwelt verhalten, in der die Nachfolge Jesu nichts gilt? Soll er dann, eben weil er doch Frieden stiften soll, um dieses lieben Friedens willen die Nachfolge Jesu aufgeben? Soll einer da, wo Jesu Botschaft verfälscht wird, um des lieben Friedens willen schweigen? Soll man sanftmütig zusehen, wie andere das „Reich Gottes" zum eigenen Machtbereich ausbauen, wie andere auf dem Feuer, das Jesus auf die Erde gebracht hat, ihr eigenes Süppchen kochen? Es wäre leicht auszurechnen, wie rasch sich das Evangelium unter uns in nichts auflösen würde, gäbe es gar nichts anderes als Sanftmut und Friedfertigkeit. Gäbe es nicht auch den Entschluß, das Evangelium zu verteidigen, zwar nicht mit Gewalt, aber doch mit Deutlichkeit.

Der Apostel Paulus berichtet selber in seinem Brief an die Galater, daß er dem Petrus ins Angesicht Widerstand geleistet habe, als dieser dabei war, das Evangelium aus menschlicher Schwachheit zu verdrehen. Und nach allem, was wir von Pauli Temperament wissen, dürfte diese Auseinandersetzung alles andere als sanftmütig gewesen sein. Doch es stand etwas Entscheidendes auf dem Spiel: Ob die Botschaft Jesu herabgewürdigt würde zu einer harmlosen Sonderlehre für ein paar fromme Juden, oder ob sie eine Heilsbotschaft sein könnte für alle Menschen, für die ganze Welt. Und für diese richtige Deutung der Botschaft Jesu nahm Paulus auch die harte Auseinandersetzung in Kauf, auch die Gefahr der Spaltung, auch den damit verbundenen Schmerz. Könnte es nicht auch sein, daß manch eine Friedensbereitschaft gespeist wird nicht von den Seligpreisungen, sondern von einem trägen, gleichgültigen Herzen, dem die Sache es gar nicht wert ist, sich zu ereifern?

Es ist und bleibt so, daß die Botschaft vom Frieden uns Menschen wohltut, daß wir sie einfach zum Leben nötig haben, daß wir erleichtert aufatmen, wenn sie ausgesprochen wird. Aber wir haben kein Recht darauf, sie ständig zu hören. Das Evangelium verlangt auch von uns, daß wir der Wahrheit den Weg bereiten und sie schützen müssen. Ketzerjagden und Heilige Kriege haben uns hoffentlich wachsam genug gemacht, daß wir nicht vorschnell unsere eigenen Interessen mit denen des Evangeliums verwechseln und „Gott will es!" auf unsere Fahnen schreiben, wo es in Wirklichkeit um die Ausbreitung unserer eigenen Macht geht. Gebe Gott, daß wir da wachsam genug sind! Gebe Gott, daß wir nicht vorschnell überall da Zertrennung wittern und Zertrennung anstreben, wo sich einer ganz einfach uns nur nicht unterordnen will. Ein Stück Mißtrauen gegen uns selber ist wohl immer nötig, bevor wir uns auf ein Jesuswort wie dieses berufen!

Aber dennoch bleibt wahr, daß die Botschaft Jesu auch von uns verlangt, unser Herz fest in die Hand zu nehmen und ein offenes Wort zu sprechen, auch wenn wir wissen, daß damit fürs nächste der Friede beendet ist. Gebe Gott, daß die Auseinandersetzung dann so endet wie zwischen Petrus und Paulus einst: daß einer in sich geht, auch wenn er der ältere Bruder ist, und zugibt, die Wahrheit aufs Spiel gesetzt zu haben, und beginnt, von neuem den Weg der Nachfolge zu suchen.

Wie könnte ich dich preisgeben, Israel? (Hos 11)

Ich bin bei dir!

Tröstet, tröstet mein Volk, spricht euer Gott,
redet zum Herzen der Stadt Jerusalem und ruft ihr zu:
Ihr Sklavendienst ist erfüllt, ihre Schuld gebüßt!
Denn sie hat Strafe genug empfangen für alle ihre Sünden.
Und nun spricht der Herr, der dich erschuf, der dich machte, Israel:
Fürchte dich nicht, denn ich habe dich erlöst,
ich habe dich bei deinem Namen gerufen, du bist mein.
Wenn du durchs Wasser gehst, will ich bei dir sein,
und Ströme werden dich nicht wegreißen.
Wenn du durchs Feuer gehst, wirst du nicht verbrennen,
die Flammen werden dich nicht versengen. (Jes 40,1–2;43,1–2)

Tröstet, tröstet mein Volk! – So lautet die Botschaft des Propheten. Und wirklich, da wäre genug zu trösten! Jerusalem ist zerstört, der Tempel entweiht, so viele Tote hat der Krieg gefordert, dem Volk ist die Hoffnung genommen, es findet sich wieder im Exil. Tröstet, tröstet mein Volk, spricht der Herr! – aber wo soll der Prophet da ansetzen, wie soll er wieder Mut machen? Er kann doch nicht sagen, es sei alles nicht so schlimm, denn es ist schlimm. Er kann auch nichts ungeschehen machen, denn was geschehen ist, ist geschehen. Nie mehr wird das Leben so sein wie früher, als man sich fraglos beschützt und geborgen fühlte unter Gottes heiligen Fittichen. Der Tempel Gottes, dieses steingewordene Zeichen seiner Nähe, ist zerstört. Wer will da wissen, ob Gott nicht sein Volk für immer verstoßen hat?!

Tröstet, tröstet mein Volk! – so lautet die Botschaft Gottes an den Propheten. Gott will, daß sein Trost durch den Mund des Propheten die Ohren und Herzen der Menschen erreicht, damit sie aufatmen können. Sie sollen es hören und in ihrem Herzen festhalten können, daß da ein Gott ist, der neu anfängt, der Schuld vergibt, der seinen Zorn hinter sich läßt, der Zukunft erschließt. Gott denkt nicht mehr daran, daß sein Volk sich von ihm abgewandt hat. Er denkt nur noch daran, daß da Menschen leben, irgendwo in Babylon im Exil, deren Herz zerschlagen ist und hoffnungslos, die nicht mehr weiterwissen, keine Zukunft mehr sehen, und es auch nicht mehr wagen, ihre Not vor Gott zu tragen. Tröstet, tröstet mein Volk! – Schuld ist wirklich vergeben, lautet die Botschaft; es ist wieder Unbefangenheit möglich zwischen Gott und seinem Volk. Gott kann sein Herz nicht zurückhalten, wenn er sieht, was aus Israel geworden ist, das da sitzt weinend an den Flüssen von Babylon, das seine Harfen an den Trauerweiden aufhängt und in der Fremde nicht Lieder vom Tempel singen kann.
Aber dann heißt es weiter: Wenn du durchs Wasser gehst, bin ich bei dir; Ströme werden dich nicht wegreißen. Das Volk Israel soll getröstet werden, aber dennoch ist die Rede von Wasserfluten, die es in Gefahr bringen, beinah mitreißen. Wie soll man das verstehen? Holt nun der Herr die Seinen aus dem Unglück oder holt er sie nicht? Vielleicht haben die Menschen damals, als sie die Worte des Propheten hörten, sich ebenso gefragt: Wie will uns denn der Herr anders trösten als dadurch, daß er uns aus dem Exil herausholt? Gibt es denn für Verbannte irgendeinen anderen Trost als die Heimkehr? Wie will uns denn einer trösten mitten in der Fremde? Wie will uns einer trösten, ohne daß der Tempel wieder erbaut wird, dieses wirksame Zeichen der Nähe Gottes inmitten seines Volkes?
Wenn du durchs Wasser gehst, bin ich bei dir; Ströme werden dich nicht wegreißen! – Der Prophet soll dennoch dieses Schwierige im Namen des Herrn vollbringen: Er soll trösten mitten im Exil. Sein Trost macht nicht ungeschehen, was geschah, er führt die Verbannten nicht wieder heim. Denen, die da in Bedrängnis leben, wird es nicht abgenommen, daß sie durch viele Gefahren hindurch ihr Leben mühsam bewältigen müssen. Es wird ihnen nicht abge-

nommen, daß sie ihre Wege und irgendwann auch ihren Heimweg selber werden suchen müssen. Wenn Gott tröstet, dann nicht so, daß wie durch ein Wunder alles Elend sich in nichts auflöst. Aber er ist im Elend nah, sagt der Prophet. Er ist nah, wenn einer mühsam seinen Heimweg sucht und einen reißenden Fluß durchwatet. Er ist nah, wenn einer Angst hat, daß jeden Augenblick der Strudel ihn wegreißen könnte. Er ist nah, wenn einer durch eine Feuerwand hindurchrennen muß, um sich zu retten. Er ist nahe überall, wo Menschen nicht mehr weiterwissen und dennoch mit dem letzten Zipfel ihres Mutes im Herzen das Unmögliche wagen. Er ist nahe, wo Menschen nicht auf das Wunder zu ihrer Rettung warten, sondern ihren Fuß ins reißende Wasser setzen. Mitten in der Strömung werde ich bei dir sein, sagt der Herr. Dort warte ich auf dich, weil du mich dort am allerdringendsten brauchst.
Israel hat diese Erfahrung mit Gott nicht nur damals im Exil gemacht. Immer wieder in der Geschichte des Volkes hat sich der Herr gerade da nahe gezeigt, wo eigentlich – menschlich gesprochen – nichts mehr zu erwarten war. Gott hat sich gezeigt als einer, der nicht vor dem Elend bewahrt, sondern im Elend nahe ist und durch das Elend hindurch zu einem neuen Anfang verhilft. So war es schon am Schilfmeer, als Israel aus Ägypten auszog und durch das Heer des Pharao verfolgt wurde: Als die Israeliter es wagten, den Fuß auf den trügerischen, eben erst trockengewordenen Boden zu setzen, da erlebten sie mit eigenen Augen, wie der Herr rettet mitten aus der Gefahr. Und diese Erfahrung hat sich wie ein roter Faden durch die Geschichte Israels hindurchgezogen bis auf den heutigen Tag. Zerschlagen durch die Vernichtungslager des Dritten Reiches und durch die Gleichgültigkeit der vielen anderen, die einfach weggesehen haben, hat sich das Volk Israel wieder gesammelt und zum ersten Mal nach fast zweitausend Jahren wieder eine Heimstatt gegründet im Land der Verheißung. Gott nimmt das Elend nicht weg. Aber er ist gerade da, wo Menschen meinen, es sei ausweglos.
Und diese Erfahrung Israels sei auch uns gesagt, die wir durch Jesus Christus hineingenommen sind in Gottes ewigen Bund. Wer sich trostbedürftig fühlt, wessen Herz zerschlagen ist, der wird zumeist vergebens darauf warten, daß Gott ihn wie durch ein Wunder aus

dieser schlimmen Lage erretten wird. Auf diese Weise will er anscheinend nicht retten, nicht trösten. Aber verheißen hat er, daß er mitten im Wasser, das einem bis an den Hals reichen kann, nahe sein wird. Verheißen hat er, dafür zu sorgen, daß die Fluten niemanden wegreißen, der es im Vertrauen auf sein Wort gewagt hat, gegen das Wasser anzugehen. Verheißen hat er, daß selbst der Tod keine Grenze für ihn sein wird. Verheißen hat er, daß er in Feuer wie in Wasser ganz nahe sein wird, mit seinem mächtigen Erbarmen.
Israel hat im Lauf seiner Geschichte Erfahrungen mit Gott gemacht, die den Glauben an solches Erbarmen stützten und festigten. Gewiß hätte das Volk seine Geschichte auch deuten können als ein zufälliges Sammelsurium von Glück und Unglück. Aber es hat sich entschieden, die eigene Geschichte zu sehen und zu deuten im Licht des Glaubens. Uns wird es wohl nicht anders gehen: Ob wir unsere persönliche Geschichte wie auch den Weg der Menschheit sehen als eine Anhäufung von glücklichen und unglücklichen Zufällen, oder ob wir die Hand entdecken, die bei uns ist und uns stützt, das wird nicht zuletzt von unserem eigenen Blickwinkel abhängen. Da gibt es keine letzten Beweise, keine Sicherheiten mehr. Darum mag es das Wichtigste sein, darum zu beten und vor allem einander zu helfen, daß wir diesen Blickwinkel der Hoffnung entdecken, der sich uns anbietet. Damit unsere Ohren sich öffnen für das Wort des Propheten: „So spricht der Herr, der sich deiner erbarmt."

Du bist doch unser Vater!

Es muß einer schon sehr verzweifelt gewesen sein, als er Worte aufschrieb wie diese: „Wo ist denn, Gott, dein leidenschaftlicher Eifer, deine Macht, dein großes Mitleid und Erbarmen? Halte dich doch nicht fern von uns! Denn du bist doch unser Vater!" (Jes 63,15). Und gleich darauf das Schuldbekenntnis: „Warum läßt du uns, Herr, von deinem Wege abirren? Wir alle sind unrein geworden, unsere ganze Gerechtigkeit ist wie ein verschmutztes Kleid. Wie Laub sind wir alle verwelkt, unsere Schuld trägt uns fort wie der Wind. Niemand ruft deinen Namen an, niemand rafft sich auf, festzuhalten an dir." (Jes 63,17; 64,5.6) Und dann, wie ein letzter Ruf: „Und doch, Herr, bist du unser Vater!" (Jes 64,7).
Da spricht ein Mensch, der seine elende Situation bedenkt, nicht nur sein ganz persönliches Elend, sondern auch das des ganzen Volkes. Israel hat es erfahren: Es ist geschehen, daß sie einfach dahinleben, keine schützende Hand mehr über sich spüren, sondern allem wehrlos ausgeliefert sind. Und sie meinen, den Grund zu kennen, warum das alles so gekommen ist: Israel hat Gott nicht mehr als den Herrn erkannt, zu dem allein es gehört, es hat nicht an ihm festgehalten. Es hat seine eigenen Wege gehen wollen, und Gott hat es diese Wege gehen lassen. Aber er hat das Volk auch erfahren lassen, wohin diese Wege führen: in die Irre. Und so konnte es geschehen: Jerusalem zerstört, das Volk in die Verbannung geführt, das Heiligtum zertreten – das Ende aller Hoffnung. Aber Israel bleibt nicht bei dieser Einsicht stehen: Wir haben gesündigt, und darum werden wir bestraft. So rasch ist der Glaube Israels nicht am Ende! Denn wäre ein Gott, der auf Schuld nur mit Strafe zu reagieren weiß, nicht eher ein heidnischer Götze denn der Herr Israels? Nicht einmal wir Menschen sind ja so: Wenn einer uns verletzt, uns Unrecht tut, sich an uns vergeht, dann geschieht es doch auch, daß ein Mensch sich überwindet und nicht von Strafe und Vergeltung redet, sondern von Vergebung und Versöhnung. Wenn wir Menschen uns über Unrecht erheben können, wenn wir verzeihen können, sollte dann nicht das Herz Gottes noch viel größer sein als unser Herz?!

Und wenn Israels Schuld auch groß war, so groß, daß wohl nicht einmal mehr die Stammväter Israels, Abraham, Isaak und Jakob etwas wissen wollen von ihren sündig gewordenen Nachfahren, wenn Israel sich seiner großen Fürsprecher am himmlischen Thron selber beraubt hat, so muß doch Gottes Herz immer noch größer sein. Es muß größer sein auch als das Herz aller großen Heiligen des Volkes: „Abraham weiß nichts von uns und Jakob will uns nicht kennen, aber du, Herr, bist doch unser Vater!" (Jes 63,16).
Israel verliert sich nicht im Nachdenken über die eigene Schuld. Es läßt sich von ihr nicht so niederdrücken, daß es ganz gelähmt wäre und nicht mehr wagte, auf Gott zuzugehen. In aller Schuld weiß es immer noch, daß Gott ein Herz hat, um sich zu erbarmen. Es nimmt sich selber nicht zu wichtig, auch nicht die eigene Schuld. So, als könnte ein Mensch Gott beeindrucken, und wenn schon nicht durch Heiligkeit, dann wenigstens durch die Größe seiner Schuld – daß er wenigstens ein *großer* Sünder war! Solchen gefährlichen Spekulationen gibt sich Israel nicht hin. Es hält sich fest im Vertrauen, daß Gott Schuld vergeben und sich seinem Volk immer wieder neu zuwenden wird.
Und es ist auch wirklich so: Gott müßte seinem eigenen Herzen untreu werden, wollte er je einen Menschen von sich weisen, der ihn, aus welchen Abgründen heraus auch immer, wieder zu suchen beginnt. Gott sagt es ja von sich selber: „In einem kleinen Augenblick des Zornes habe ich dich verlassen, aber mit großem Erbarmen suche ich dich heim." (Jes 54,8) Und: „Ich kann Israel nicht vernichten, mein Herz dreht sich in mir um, Gott bin ich ja und nicht Mensch, heilig in euerer Mitte" (vgl. Hos 11,8f).
Gottes Heiligkeit scheint also gerade darin begründet zu sein, daß er unermeßlich ist im Verzeihen, im Sich-Zuwenden, im Sich-Erbarmen. Und darum freut er sich auch, wenn Menschen sich auf dieses Herz Gottes berufen. Es liegt ihm nichts daran, wenn Menschen in ihrer Schwachheit vor ihm im Staube kriechen. Er will lieber, daß wir – wie schwach wir auch sind – ihn erkennen als den, der *gern* verzeiht. Gott freut sich, wenn Menschen in all ihrer Verlassenheit sich an ihn wenden, ihn an seine Verheißungen erinnern. Er läßt sich gern fragen: Wie kannst du all unser Elend zulassen, wie kannst du es übers Herz bringen, uns in unserem selbst-

verschuldeten Elend weiter zu belassen? „Fast ist es so, als hättest du nie über uns geherrscht, als wäre nie dein heiliger Name genannt worden über uns!“ Wie kannst du es zulassen, daß es so aussieht, als wärest du nie unser Vater gewesen – denn welch ein Vater würde seine Kinder so im Elend lassen! „Darum reiß doch die Himmel auf und komm!“ (Jes 63,19).

So haben die Propheten Israels gesprochen, und manche ihrer Worte sind sogar eingegangen in unsere christlichen Kirchenlieder, etwa in das alte „O Heiland, reiß die Himmel auf!“ Auch wir Christen sprechen nicht anders unsere Sehnsucht aus, Gott möge kommen und sich unser erbarmen. Es ist ein uralter Ruf, der da von Generation zu Generation weitergegeben wird aus der Hoffnung heraus, Gott möge kommen und sich zeigen mit seinem erbarmenden Herzen. Wir Christen denken bei diesem Ruf wohl daran, daß Gott den Himmel aufreißen, sich als Vater zeigen solle dadurch, daß er seinen Sohn sende, Jesus von Nazaret. Denn er war voll von Gottes Kraft, in ihm haben wir Gott selbst gesehen. In ihm hat Gott uns sein tiefstes Wesen so gezeigt, wie er es nur konnte: daß er ein Vater ist mit liebendem Herzen.

Er, der da kommt im Namen des Herrn, soll uns Gottes Versöhnungsbereitschaft versichern. Aber er soll sie uns so versichern, daß auch wir selber hingehen und lernen. Wir sollen erfahren, daß es nichts Größeres gibt im Himmel wie auf Erden als Erbarmen. Und wir, die wir nach Gottes Bild und Gleichnis geschaffen, die wir zur Nachfolge gerufen sind, wir sollen es lernen auch als unseren Weg: Es gibt nichts Größeres als Erbarmen. Wenn an unserer Tür der Wunsch nach Vergeltung lauert – wir sollen ihm in uns keinen Raum schenken. Gott erwartet von uns, daß wir uns auf den Weg einlassen und ihn zu gehen lernen, damit Christus nicht nur in Bethlehem, sondern auch in uns geboren werden kann.

Gekommen, um Sünder zu rufen

Jesus sah einen Mann, der Mattäus hieß, am Zoll sitzen und sagte zu ihm: Folge mir! Da stand Mattäus auf und folgte ihm. Und als Jesus in seinem Haus bei Tisch saß, kamen viele Sünder und Zöllner und aßen mit ihm und seinen Jüngern. Als die Pharisäer das sahen, sagten sie zu seinen Jüngern: Warum ißt euer Meister mit Zöllnern und Sündern?
Er hörte es und sagte: Nicht die Gesunden brauchen den Arzt, sondern die Kranken. Darum lernt, was es heißt: Barmherzigkeit will ich, nicht Opfer; denn nicht um Gerechte zu rufen, bin ich gekommen, sondern Sünder. (Mt 9,9–13)

Mit zwei Sätzen kommt der Evangelist Mattäus aus, wenn er seine Berufung in den Jüngerkreis Jesu schildert. Jesus fordert ihn auf: „Folge mir nach!" und Mattäus steht auf und folgt. Man könnte fast meinen, dieser Zöllner Mattäus habe auf Jesu Ruf geradezu gewartet, habe schon alle Vorbereitungen getroffen, damit er sich wirklich gleich aufmachen kann, wenn Jesus ruft. Aber woher hat er geahnt, daß Jesus ihn rufen will? Die Zöllner waren schließlich zur Zeit Jesu alles andere als angesehene Leute: Betrüger alle miteinander, die das eigene Volk erpressten und ausbeuteten zu eigenen Gunsten und zu Gunsten der verhaßten Besatzungsmacht Rom, Volksverräter also. Darüber hinaus sind es Leute, die den Glauben Israels verleugnen, denn zu diesem Glauben Israels gehört: Über Gottes auserwähltes Volk soll allein der Hochgelobte Herr sein; wer darum irgendeine andere Macht anerkennt und mit ihr zusammenarbeitet, verleugnet Gottes Königtum über Israel! Wie kann gerade ein solcher Mann auf den Ruf Jesu warten?
Doch durch das ganze Evangelium zieht sich Jesu Vorliebe für die Sünder, die am Rande Lebenden, die Verachteten. Jesus verhält sich so gar nicht nach unserem Sprichwort: „Sage mir, mit wem du umgehst, und ich sage dir, wer du bist!" Er ist ständig da zu finden, wo man fromme und gottesfürchtige Leute nicht vermutet. Er sitzt zu Tisch mit unmöglichen Menschen, und er erregt damit entsprechenden Anstoß. Es hat darum genügend Kritiker gegeben, die im

Sinne unseres Sprichwortes meinten, schon an Jesu Umgang könne man ablesen, daß es mit ihm nicht weit her sei.
Aber Jesus rechtfertigt sein Verhalten mit einem Wort des Propheten Hosea: „Barmherzigkeit will ich, nicht Opfer!“ Hat sich nicht der Gott Israels von jeher mit Sündern eingelassen? Schließlich wäre sonst der Bund vom Sinai schon bald auf der Strecke geblieben! Wäre der Gott Israels nicht ein Gott für Sünder, dann hätte das Volk schon längst keine Aussicht mehr gehabt, mit diesem Gott in Frieden zu leben. Im ganzen Alten Testament wandten sich immer wieder die Menschen vom Weg Gottes ab und gingen eigene Wege, taten einander Unrecht an und drangen in den Lebensraum des anderen ein. Immer wieder hat Gott durch seine Propheten mahnen und schelten müssen. Und schließlich hat Hosea in Gottes Namen geseufzt, Israels Umkehr und Reue sei „wie das Morgengewölk“, das in den trockenen Steppengebieten kurz aufzieht und nie seine Verheißungen wahrmacht – es löst sich bei aufgehender Sonne rasch wieder auf, ohne einen Regentropfen verloren zu haben. So konsequenzlos, sagt Hosea, ist die Reue Israels: Man hört die Mahnung und schlägt sich an die Brust und sündigt dann unbeirrt weiter. Wahrhaftig, wäre der Gott Israels kein Gott für Sünder, die Geschichte des auserwählten Volkes wäre schon längst zu Ende gegangen.
Aber obwohl das so ist und jeder Gläubige zur Zeit Jesu, der die Heiligen Schriften kannte, es auch wissen mußte, waren es doch gerade die Frommen, die all das nicht wahrhaben wollten. Sie hätten am liebsten Gott für sich selber reserviert. Wenn es nach ihnen gegangen wäre, dann hätte Jesus all das sündige Gesindel ruhig ins Verderben fahren lassen sollen, und er hätte, zusammen mit den Frommen, nach einer immer vollkommeneren Erfüllung des Gotteswillens forschen sollen. Aber gerade diese abschätzige Haltung ist es, die eine solche Frömmigkeit in Gottes Augen nutzlos macht: Eine Frömmigkeit, die mich nicht mehr Seite an Seite mit dem Sünder stehen läßt, die ihr Urteil über die Sünder spricht und sie dann ihrem Schicksal überläßt, gerade eine solche Frömmigkeit ist die eigentliche Schuld in Gottes Augen.
Denn Gott weiß, daß wir alle miteinander schwache Menschen sind. Er weiß, woraus er uns gebildet hat – und so sind wir eben! So

muß er uns annehmen und so will er uns auch annehmen. Aber wer nicht zufrieden ist damit, ein schwacher Mensch zu sein, der in der Versuchung immer wieder einmal fällt, wer sich für eine großartige Ausnahme inmitten all der Schwachen hält, der lehnt sich gegen Gottes Willen auf. Wer etwas Besseres sein will, der will damit Gottes Schöpfung korrigieren oder zumindest sich selber ausnehmen. Wer auf andere herabsieht, wer unterscheidet zwischen Gerechten und Sündern, der hebt die Brüderlichkeit auf, in der Gott das ganze Menschengeschlecht geschaffen hat.

Nicht als würde Gott die Sünde lieben oder als wäre sie ihm zumindest gleichgültig! Aber er weiß, daß wir schwach sind und daß jeder Mensch immer wieder einmal fällt, der eine bei dieser Gelegenheit, der andere bei jener, der eine etwas öfter, der andere etwas seltener. Aber es gibt keine Gerechten und Sünder, keine Grenzlinie zwischen beiden – es gibt nur Menschen, Menschen, die immer wieder auf Barmherzigkeit angewiesen sind, auf eine Hand, die aufhilft, und am Ende auf ein mildes, gütiges Urteil. Die Trennung zwischen Gerechten und Sündern ist bloß eingebildet, denn wir alle sind Menschen, die immer wieder der Versuchung erliegen. Nur ist das bei manchen Menschen offensichtlicher als bei anderen.

Und weil Gott mit uns barmherzig umgeht, erwartet er von uns, daß wir versuchen, es ihm nachzutun. Er erwartet, daß wir ebenfalls gütig miteinander umgehen. Er erwartet von uns, daß wir, wie es in Martin Luthers Auslegung zum achten Gebot heißt, unseren Nächsten „entschuldigen, Gutes von ihm reden und alles zum besten kehren". Mit selbstgerechten Leuten, die auf andere mit Fingern zeigen, hat Gott nichts im Sinn. Er liebt vielmehr all jene, die wissen, wie weit sie noch von der Vollkommenheit entfernt sind, die redlich sich mühen, den Versuchungen zu wehren, und die sich doch darein schicken, schwache Menschen zu sein, die immer wieder fallen. Er liebt Menschen, die nicht einmal von der Größe ihrer Schuld ein Aufheben machen, sondern sich darauf verlassen, daß Gott vergeben wird, was zu vergeben ist, daß Gott kein Krämer ist, der mißt und wiegt, sondern ein Vater mit einem liebenden Herzen, der sich gern erbarmt.

So soll es darum auch in den christlichen Gemeinden sein:

Gemeinde ist nicht die Versammlung derer, die es in der Vollkommenheit schon weiter gebracht haben als der Rest der Menschheit, und die darum die Sünder ausschließen. Christliche Gemeinde lebt gerade nicht von der Vollkommenheit ihrer Glieder, sondern von deren Versöhnungsbereitschaft und Geduld. In der Nähe all jener, die von Vollkommenheit weit entfernt sind und die immer wieder neu anfangen müssen, läßt Gott sich am liebsten finden.

Die Ersten und die Letzten

Mit dem Himmelreich verhält es sich wie mit einem Gutsbesitzer, der früh am Morgen sein Haus verließ, um Arbeiter für seinen Weinberg anzuwerben. Er einigte sich mit den Arbeitern auf einen Denar pro Tag und schickte sie in seinen Weinberg. Um die dritte Stunde ging er wieder auf den Markt und sah andere dastehen, die keine Arbeit hatten. Er sagte zu ihnen: Geht auch ihr in meinen Weinberg! Ich werde euch geben, was recht ist. Und sie gingen. Um die sechste und um die neunte Stunde ging der Gutsherr wieder auf den Markt und machte es ebenso. Als er um die elfte Stunde noch einmal hinging, traf er wieder einige, die dort herumstanden. Er sagte zu ihnen: Was steht ihr hier den ganzen Tag untätig herum? Sie antworteten: Niemand hat uns angeworben. Da sagte er zu ihnen: Geht auch ihr in meinen Weinberg. Als es nun Abend geworden war, sagte der Besitzer des Weinberges zu seinem Verwalter: Ruf die Arbeiter und zahl ihnen den Lohn aus, angefangen bei den letzten, bis hin zu den ersten. Da kamen die Männer, die er um die elfte Stunde angeworben hatte, und jeder erhielt einen Denar. Als dann die ersten an die Reihe kamen, erhielten auch sie einen Denar. Da begannen sie, über den Gutsherrn zu murren und sagten: Diese Letzten haben nur eine Stunde gearbeitet, und du hast sie uns gleichgestellt; wir aber haben den ganzen Tag über die Last der Arbeit und die Hitze ertragen. Da erwiderte er einem von ihnen: Mein Freund, dir geschieht kein Unrecht. Hast du nicht einen Denar mit mir vereinbart? Nimm dein Geld und geh! Ich will dem letzten ebenso viel geben wie dir. Darf ich mit dem, was mir gehört, nicht tun, was ich will? Oder bist du neidisch, weil ich zu anderen gütig bin? (Mt 20,1–15)

Die Geschichte von den Arbeitern im Weinberg, die alle den gleichen Lohn bekommen, gehört zu den am meisten mißverstandenen Texten aus dem Evangelium. Auf die Frage des Herrn: „Oder bist du neidisch, weil ich zu anderen gütig bin?" würden wir am liebsten gleich einen ganzen Sack voll Einwände bringen: Warum soll das Neid sein, wenn ich auf Gerechtigkeit aus bin? Warum soll ich böse sein, wenn ich etwas ungerecht nenne? Und ist es nicht wirklich ungerecht, wenn es für zwölf Stunden harter Arbeit genau den gleichen Lohn geben soll wie für eine einzige Stunde? Darf der

Herr des Weinberges, nur weil er eben reich ist, wirklich mit seinem Besitz machen, was er will? Ist er uns, den Arbeitern, nicht in irgendeiner Weise verpflichtet? Das nächste Mal werde ich mich jedenfalls auch erst um die elfte Stunde auf dem Markt blicken lassen – so einfach möchte ich mein Geld auch einmal verdienen! Dann kann der Herr des Weinberges sehen, wer ihm die Knochenarbeit in der Hitze macht! Haben wir nicht alle schon einmal so gedacht?

Daß wir uns so schwer tun mit dem Verstehen, liegt wohl daran, daß wir dieses Gleichnis wie selbstverständlich aus der Perspektive dessen sehen, der schon in der ersten Stunde ans Werk ging. Aber wer sagt eigentlich, daß wir die Ersten sind, daß wir es sind, die die Last und Hitze des Tages getragen haben, daß wir es sind, die Grund zur Klage hätten? Wenn wir jedoch ebensogut auch die Letzten sein könnten, dann eröffnen sich neue Perspektiven.

Die Ersten halten ganz selbstverständlich alles für faule Ausreden, was die Letzten für ihren späten Arbeitsbeginn vorzubringen haben. Wer selber schon am Werk ist, der sieht die anderen gern als Faulenzer, die es sich auf Kosten der Allgemeinheit gemütlich machen. Aber wie, wenn die zur dritten und sechsten und neunten und gar elften Stunde wirklich nicht eher hätten zur Stelle sein können? Wenn sie nicht irgendwo herumgelungert hätten, wenn das alles keine faulen Ausreden wären? Vielleicht hat der eine noch zu Hause mit Hand anlegen müssen, weil die Frau schwer krank ist und die Kinder nicht allein versorgen kann. Vielleicht hat der andere bei seinen alten Eltern, für die er die einzige Sicherheit des Lebensabends ist, etwas in Ordnung bringen müssen. Vielleicht haben auch manche, die weit entfernt wohnen, irgendwo, wo es überhaupt keine Arbeit gibt, sich schon am Ende der Nacht auf den Weg gemacht in der Hoffnung, Arbeit zu finden; aber der Weg war einfach zu weit, sie waren im Grund schon erschöpft, als sie endlich am Nachmittag auf dem Markt ankamen. Dahin war die Hoffnung, wenigstens noch etwas verdienen zu können, was der Familie das Überleben sichern würde. Aus der Perspektive des Armen, des Letzten, sieht das Leben nun einmal ganz anders aus. Er ist immer der, den die Hunde beißen, um den sich niemand kümmert. Und erst recht kümmert sich niemand darum, wie es mit seiner

Verantwortung für all jene steht, die seiner Sorge anvertraut sind, und um die er sich kümmern möchte, wenn er es nur könnte. Wer in geordneten Verhältnissen lebt und jeden Morgen frisch und ausgeruht bei der Arbeit erscheinen kann, der stellt sich gar nicht vor, wie es den anderen zumute ist.

Was hat nun das alles mit dem Reich Gottes zu tun? Jesus erzählt diese Geschichte ja nicht, um etwas zu sagen über Arbeit und Lohn und Lohngerechtigkeit, sondern um etwas auszusagen über das Reich Gottes, wie er am Anfang ausdrücklich betont. Wie sollen wir das verstehen? Ich denke, das alles ist gar nicht so schwierig, wenn wir uns zurückversetzen in die Zeit Jesu und auch in die Zeit der ersten Christen: Gewiß hatte sich Jesus zuerst zu den „verlorenen Schafen des Hauses Israel gesandt" gewußt und auch so gepredigt, aber doch sahen die Juden, wie die Verkündigung Jesu und dann vor allem der Apostel die Grenzen des Judentums sprengten. Da sahen sie sich auf einmal Seite an Seite mit den Heiden, mit denen sonst ein frommer Jude keine Gemeinsamkeit pflegte. Sie sahen sich Seite an Seite mit jenen, die aus der Glaubensgemeinschaft ausgeschlossen waren, sei es wegen Kollaboration wie die Zöllner, sei es wegen unsittlichen Lebenswandels wie die Dirnen. Alle zusammen waren von der Verkündigung Jesu angesprochen. Und da mochte unter frommen Juden sehr wohl das Gefühl aufkommen: Warum haben wir uns eigentlich ein Leben lang, Generationen lang abgemüht mit der getreuen Befolgung des Gebotes Gottes? Ist es auf einmal nichts mehr wert, daß wir uns seit Jahrhunderten geplagt haben, um zu erfüllen, was wir einst am Sinai versprochen haben? Zählt all die Last und Hitze des Tages nichts mehr, wenn nun die anderen, die sorglos in den Tag gelebt haben und sich nicht ein bißchen um Gottes Gebot gekümmert haben, die gleiche Erwählung bekommen für das Reich Gottes? Daß die anderen, die Späteren, die Letzten, auch mit hinein dürfen in Gottes Reich, wollen wir ihnen wahrhaftig nicht absprechen, warum aber soll alles nun ganz gleich sein, warum gibt es nicht einmal einen kleinen Vorsprung für uns um unserer Treue willen? Warum wird nicht wenigstens mit einem Lob gewürdigt, daß wir so lange uns gemüht haben, während die anderen noch längst nicht im Weinberg des Herrn gearbeitet haben?

Und wir, die wir diese Geschichte als Evangelium lesen, wir sind die Nachfahren jener Letzten, die Jesus mit gleichem Erbarmen in Gottes Reich hineinholen wollte. Wir sind als Heidenchristen diejenigen, denen man es übelnahm, daß sie erst so spät Gott als den Herrn anerkannt haben und den Juden die Befolgung des Gebotes vom Sinai so lange allein überlassen haben. Für uns tritt Jesus ein, wenn er sagt: Warum bist du neidisch, weil ich gut bin? Das haben wir freilich meist längst vergessen! Wir haben vergessen, daß da überhaupt Frühere waren, die vor uns das Gebot Gottes getreulich erfüllt haben. Wir haben vergessen, daß wir es waren, die so spät gekommen sind, die eigentlich die Letzten waren. Wir halten uns vielmehr für die Ersten, weil wir – ganz persönlich – so getreu im Glauben stehen, und denken bei diesem Gleichnis vielleicht an all die anderen, die das nicht tun. Die anderen, die „draußen", das sind für uns die Späten, die Letzten. Wüßten wir noch, wer wir sind, dann wären wir dankbar und erleichtert wegen dieses Gleichnisses, weil es zu unseren Gunsten spricht. Wüßten wir noch, wer wir sind, dann würden wir ebenso wenig Einspruch erheben wie die Arbeiter der elften Stunde – wenn wir Einspruch erheben, dann nur, weil wir nicht wissen, wer wir sind.

Sollte es freilich so sein, daß wir uns wegen unserer persönlichen Entscheidung für den Glauben doch für die Ersten halten, dann wird uns dieses Gleichnis zur Mahnung und Warnung, so wie es zur Mahnung und Warnung wurde für die frommen Juden von damals. Der Erste muß lernen, so sagt das Gleichnis, den Letzten zu achten. Wenn wir uns für die Ersten halten, dann müssen wir es eben auch lernen, dann bleibt uns diese schwierige Lektion nicht erspart. Wir müssen lernen: Die anderen, die nicht so festgewurzelt sind im Glauben wie wir, die nicht so treu zu der Kirche stehen wie wir, das sind nicht einfach leichtsinnige, opferscheue, treulose Menschen. Das sind nicht alles Ausreden, was diese Menschen vorbringen, wenn wir sie fragen, warum sie nicht bei uns in der Kirche stehen, warum sie nicht ihr Leben so ordnen wie wir. Als „Erste" können wir ihre Entscheidung, ihren Lebensweg kaum nachvollziehen. Dennoch sieht das Leben aus der Sicht jener Letzten wirklich ganz anders aus, als wir das aus unserer relativen Geborgenheit heraus meinen. Aber Gott sieht in das Leben jener

Letzten genauso hinein und weiß ihren Weg genauso zu würdigen wie unseren. Wenn wir auf sie herabschauen, tun wir ihnen Unrecht. Wir müssen lernen, sie als Brüder und Schwestern auf unserer Seite zu sehen, ohne neidisch zu sein auf Gottes Güte. Wem das zu schwer vorkommt, der könnte wohl am besten auf solche Klassifizierungen wie „Erste“ und „Letzte“ überhaupt verzichten, denn letztlich stimmen sie alle nicht. Es gibt gar keine Ersten, denn Gottes Reich kann sich niemand verdienen, auch nicht der Frömmste und Treueste. Wir alle, wer wir auch seien, sind angewiesen auf verzeihende Güte und ein barmherziges Urteil.

Ein Vater, der seine Kinder immer liebt

Ein Mann hatte zwei Söhne. Der jüngere sagte zu seinem Vater: Vater, gib mir das Erbteil, das mir zusteht! Da teilte der Vater das Vermögen auf. Nach wenigen Tagen packte der jüngere Sohn alles zusammen und zog in ein fernes Land. Dort lebte er in Saus und Braus und verschleuderte sein Vermögen. Als er alles durchgebracht hatte, kam eine große Hungersnot über das Land, und er mußte darben. Da machte er sich an einen Bürger des Landes heran und drängte sich ihm auf; der schickte ihn auf seine Landgüter zum Schweinehüten. Er hätte gern seinen Hunger mit den Futterschoten gestillt, die man den Schweinen vorwarf, aber niemand gab ihm davon. Da begann er nachzudenken und sagte: Wieviele Tagelöhner meines Vaters haben mehr zu essen, und ich komme hier vor Hunger um! Ich will zu meinem Vater gehen und zu ihm sagen: Vater, ich habe gegen Gott im Himmel und gegen dich gesündigt. Ich bin nicht mehr würdig, dein Sohn zu heißen; mach mich zu einem deiner Tagelöhner!

Dann brach er auf und ging zu seinem Vater. Der sah ihn schon von weitem kommen und hatte tiefes Mitleid mit ihm. Er lief dem Sohn entgegen, fiel ihm um den Hals und küßte ihn. Da sagte der Sohn: Vater, ich habe gegen Gott im Himmel und gegen dich gesündigt, ich bin nicht mehr würdig, dein Sohn zu heißen. Der Vater jedoch sagte zu seinen Knechten: Holt schnell das beste Gewand und zieht es ihm an, steckt ihm einen Ring an und gebt ihm Schuhe. Bringt das Mastkalb her und schlachtet es, wir wollen ein Festmahl feiern. Mein Sohn hier war tot und lebt wieder; er war verloren und ist wiedergefunden. Dann feierten sie das Festmahl.

Sein älterer Sohn war unterdessen auf dem Feld. Als er heimging und in die Nähe des Hauses kam, hörte er Musik und Tanz. Da rief er einen der Knechte und fragte, was da los sei. Der Knecht antwortete: Dein Bruder ist gekommen, und dein Vater hat das Mastkalb schlachten lassen, weil er ihn heil und gesund wieder hat. Da wurde er zornig und wollte nicht hineingehen. Sein Vater kam schließlich heraus und redete ihm gut zu. Er aber erwiderte dem Vater: Sieh doch! So viele Jahr schon diene ich dir, und nie habe ich gegen deine Befehle gehandelt. Mir aber hast du nie auch nur einen Ziegenbock geschenkt, damit ich mit meinen Freunden ein Festmahl halten konnte. Doch jetzt, nachdem dein Sohn hier wiedergekommen ist, der dein Geld mit Dirnen durchgebracht hat, hast du für ihn das Mast-

kalb geschlachtet. Der Vater antwortete ihm: Mein Kind, du bist immer bei mir, und alles, was ich habe, gehört auch dir. Aber nun müssen wir doch feiern und fröhlich sein, denn dein Bruder war tot und lebt wieder; er war verloren und ist wiedergefunden. (Lk 15,11–32)

Diese Geschichte, die bei uns meist den Namen trägt „Vom verlorenen Sohn", gehört wohl zu den bekanntesten aus dem Evangelium, auch zu denen, die am meisten zu Herzen gehen. Da wird einer, der sein Leben verpfuscht hatte, wieder angenommen, da wird etwas wieder geradegebogen, was in sich hoffnungslos krumm war. Ob uns diese Geschichte darum so zu Herzen geht, weil ja niemand von uns weiß, ob unser Leben nicht auch einmal so sehr in die Brüche gehen wird, daß wir auf die Güte der anderen angewiesen sein werden, auf ihre Verzeihungsbereitschaft und Geduld? Solch eine Geschichte könnte so etwas sein wie ein Sicherheitsnetz unter unseren Füßen: Was auch geschehen mag – es gibt einen, der die Verlorenen heimholt.
Es lohnt sich, denke ich, diese Geschichte ein wenig genauer anzusehen. Da ist ein Vater mit zwei Söhnen. Der ältere verhält sich so, wie man es von einem Sohn erwarten sollte, der jüngere verstößt gegen alle guten Sitten. Er will schon zu Lebzeiten des Vaters sein Erbteil erhalten, und dann fängt er damit nicht einmal etwas Vernünftiges an, hat keinen Plan vor Augen, den er – vielleicht gegen den Willen des Vaters – verwirklichen möchte. Er lebt mit dem erhaltenen Geld einfach in den Tag hinein, bis das ganze Vermögen verpraßt ist. Erst als er dann in Not gerät, fällt ihm sein Vater wieder ein. Er erinnert sich, daß der sogar zum geringsten seiner Knechte noch freundlich gewesen ist, freundlicher, als er es jetzt in der Fremde hinnehmen muß, und darum entschließt er sich, wieder heimzugehen. Nach all dem, was vorgefallen ist, wagt er nicht zu hoffen, man werde ihn wieder in die Familie aufnehmen; doch selbst als Tagelöhner erwartet ihn daheim noch ein annehmbares Leben. Aber das Unerwartete geschieht: Der Vater nimmt ihn mit offenen Armen auf, und das scheint ihm noch nicht einmal schwer zu fallen. Er vergißt das Vergangene und feiert ein Fest vor lauter Freude über die Heimkehr des Sohnes.
Doch der ältere Bruder bleibt mürrisch daneben stehen. Er möchte

den verdienten Lohn dafür bekommen, daß er sich gut verhalten hat, möchte den Abstand zwischen sich und dem jüngeren Bruder gewahrt sehen; er möchte besser dastehen als der andere, der doch alles verspielt hat. Und er kann einfach nicht begreifen, daß die Liebe des Vaters zu seinen Kindern nicht die Folge ist von deren Wohlverhalten, sondern daß diese Liebe einfach da ist, ganz gleich, was geschehen mag. Er kann nicht begreifen, daß der Vater seine Kinder immer liebt.

Wir dürfen vermuten, daß Jesus diese Geschichte nicht „einfach so", sondern aus einem bestimmten Anlaß erzählt hat. Denn da waren die frommen Zeitgenossen Jesu, die getreulich sich an das Gebot Gottes zu halten versuchten, die alles taten, was man von ihnen erwarten konnte. Und daneben gab es „die anderen", die es sich leichter gemacht hatten: Es gab die Zöllner, die gegen das Gebot Gottes mit den Heiden kollaborierten und die eigenen Volksbrüder betrogen und erpreßten, es gab die Dirnen, die sich an keine sittliche Ordnung hielten, es gab das einfache Volk, dem es eine zu große Mühe war, das Gesetz auch nur kennenzulernen, und das es darum auch nicht halten konnte. Jesus hatte sich mit seiner Predigt an alle gewandt, mit gleicher Zuwendung, aber er hatte von „den anderen" mehr Antwort erhalten, größere Bereitschaft, auf seine Botschaft einzugehen, und darum hatte er ihnen auch mit um so größerer Herzlichkeit verkündet, daß Gott alle annimmt. Daran hatten die Frommen Anstoß genommen, nicht anders als der ältere Sohn bei der Rückkehr des jüngeren, des „verlorenen" Sohnes. Und Jesus erzählt diese Geschichte auch als Rechtfertigung seines eigenen Verhaltens. Weil Gott ist wie ein Vater, der alle seine Kinder gleich liebt, darum muß sich auch Jesus den Ausgestoßenen zuwenden.

So ist Gott, sagt Jesus: Er liebt ohne alles Warum. Er liebt die Gehorsamen wie die Ungehorsamen, er kann gar nicht anders als lieben. Denn es sind ja alle seine Kinder. Es sind seine Geschöpfe, und wie sollte er den von sich weisen, den er selbst ins Leben gerufen hat? Wir dächten zu eng von Gott, meinten wir, er liebe nur jene, die sich recht zu verhalten wissen. Er liebt auch den, der trotzig davonläuft, er liebt auch den, der sich an kein Gebot, keine Spielregel zu halten weiß. Er liebt den, der mit dem Kopf durch die

Wand will, er liebt den, der sein Leben selber verpfuscht. Aber er liebt auch den Daheimgebliebenen, der über all der Beobachtung der Gebote mürrisch und eng geworden ist. Er liebt nicht nur den „verlorenen", sondern ebenso auch den älteren Sohn, und darum müßte diese Geschichte eigentlich heißen: „Das Gleichnis vom liebenden Vater". Denn nicht der verlorene Sohn steht im Mittelpunkt, sondern der Vater, der alle seine Kinder gleich liebt. Er hat auch gute Worte für den engherzigen, neidischen Älteren. Er verurteilt ihn nicht, weil er sich nicht gleich mitfreuen kann über die Heimkehr des Bruders. Er hat Geduld mit ihm, redet ihm gut zu, läßt ihm Zeit. So ist Gott, sagt Jesus. Er liebt. Er versteht, er verzeiht. Er verzeiht die Unverfrorenheit des jüngeren ebenso wie die Engherzigkeit des älteren Sohnes. Ganz gleich, was geschieht – wer Gottes Nähe sucht, der wird angenommen.

Und darum ist es auch ganz gleich, in welchem der beiden Söhne wir uns selber wiedererkennen – Gott nimmt uns an. Wenn wir uns wiedererkennen in dem, der in seiner Torheit alles verspielt hat: Gott wird ein gutes Wort für uns haben. Erkennen wir uns wieder in dem, der über der Treue zu Gottes Gebot eng und kleinlich geworden ist: Gott wird Geduld für uns aufbringen. So wie Gott die Pharisäer liebt und die Zöllner und Dirnen, alle zusammen, so liebt er auch uns. Er hat Mitleid mit unserer Schwäche. Für jeden, der in sich selbst gefangen ist, spricht er das befreiende Wort.

Ich denke, daß es nur eines gibt, mit dem wir diese Liebe Gottes zu uns verspielen könnten: Wenn wir es selber nicht einmal versuchten, es ihm nachzutun. Wenn wir Menschen einteilen in solche, die unserer Achtung und Liebe würdig sind, und solche, die es nicht sind. Wenn wir uns ein unumstößliches Urteil über andere bilden, nicht mehr bereit sind zu verzeihen. Und ich glaube, daß dies nicht nur ganz allgemein gilt, in unserem Umgang mit allen Menschen, die uns begegnen. Sondern ich glaube, daß es auch so gilt, daß jeder Mensch irgendeinen anderen Menschen braucht, zu dem er gehen kann, was immer auch geschehen sein mag. Und so muß ich auch ganz persönlich für jemand anderen der Mensch sein, zu dem er heimkommen kann, ganz gleich, was war. Niemand unter uns Menschen darf ohne einen anderen sein, der ihn annimmt, ohne zu verurteilen. Jeder muß irgendwohin heimkom-

men dürfen. Eltern können das sein für ihre Kinder, ein Ehepartner für den anderen, aber auch ein Freund für den anderen. Es muß jemanden geben, der nicht Schuld mißt und wägt, sondern Liebe ausbreitet, auch da, wo der andere Unbegreifliches getan hat: Liebe für den Gestrauchelten, Liebe für den Ehebrecher, Liebe für den Terroristen, Liebe für den Mörder. Liebe nicht etwa, weil diese Taten doch nicht so schlimm seien, wahrhaftig nicht – sondern Liebe, weil jeder Mensch Gottes Antlitz trägt, Gottes Kind ist, für immer. Liebe, weil jeder Mensch mit all seinem Tun und Lassen unmittelbar vor Gott steht, unserem Urteil entzogen.
Und wenn wir Menschen in unserem Zusammenleben nicht auf Gericht und Urteil und Schuldspruch verzichten können, weil wir nicht wissen, wie sonst die Gerechtigkeit unter uns gewahrt bleiben soll, so muß doch jeder Mensch zumindest an *einem* anderen Menschen ablesen können, daß es mehr gibt als Urteil, daß Gott größer ist als wir Menschen. Daß seine Barmherzigkeit in Abgründe reicht, die für uns Menschen zu tief sind. Daß er gute Worte hat auch für den, der alles verspielt hat. Daß für die Heimkehr auch jene letzte Sekunde eines Lebens noch lang genug ist, die sich der Beobachtung der Umstehenden bereits entzieht. Und wenn es einem Menschen so ginge wie jenem Raubmörder, der als „Schächer am Kreuz“ in unserem Evangelium auftaucht, und von dem berichtet wird, er sei erst im letzten Augenblick seines Lebens zur Besinnung gekommen, so wäre das noch früh genug. Dieser eine Satz: „Herr, gedenke meiner, wenn du in dein Reich kommst!“ wird heute noch ganz gewiß die gleiche Antwort hervorrufen wie damals: „Wahrhaftig, noch heute wirst du bei mir im Paradiese sein!“

Gott hat ein Herz für Sünder

Jesus ging in das Haus eines Pharisäers, der ihn zum Essen eingeladen hatte, und setzte sich zu Tisch. Als nun eine Sünderin, die in der Stadt lebte, erfuhr, daß er im Hause des Pharisäers zu Tisch saß, kam sie mit einem Alabastergefäß voll Salböl. Sie trat von hinten an ihn heran und weinte so sehr, daß ihre Tränen ihm auf die Füße fielen. Dann trocknete sie seine Füße mit ihrem Haar ab, küßte sie und salbte sie mit dem Öl. Als der Pharisäer, der ihn eingeladen hatte, das sah, dachte er: Wenn er wirklich ein Prophet wäre, müßte er wissen, was das für eine Frau ist, von der er sich berühren läßt; er wüßte, daß sie eine Sünderin ist. Da wandte sich Jesus an ihn und sagte: Simon, ich möchte dir etwas sagen. Er erwiderte: Sprich, Meister! Ein Geldverleiher hatte zwei Schuldner; der eine war ihm fünfhundert Denare schuldig, der andere fünfzig. Als sie ihre Schulden nicht zurückzahlen konnten, erließ er sie beiden. Wer von ihnen wird ihn nun mehr lieben? Simon antwortete: Ich nehme an, der, dem er mehr geschenkt hat. Jesus sagte zu ihm: Du hast recht. Dann wandte er sich der Frau zu und sagte zu Simon: Siehst du diese Frau? Als ich in dein Haus kam, hast du mir kein Wasser für die Füße gegeben; sie aber hat ihre Tränen vergossen über meinen Füßen und sie mit ihren Haaren abgetrocknet. Du hast mich zur Begrüßung nicht geküßt; sie aber hat mir unaufhörlich die Füße geküßt, seit ich hier bin. Du hast mir kein Öl aufs Haar getan; sie aber hat mir mit Öl die Füße gesalbt. Deshalb sage ich dir: Ihr müssen viele Sünden vergeben worden sein, wenn sie mir jetzt so viel Liebe zeigt. Wem aber nur wenig zu vergeben war, der zeigt auch wenig Liebe. Dann sagte er zu ihr: Deine Sünden sind vergeben. Da dachten die anderen Gäste: Was ist das für ein Mensch, daß er sogar Sünden vergibt? Er aber sagte zu der Frau: Dein Glaube hat dich gerettet. Geh in Frieden! (Lk 7,36–50)

Vielleicht ist manch einem schon aufgefallen, wie unbefangen die Heilige Schrift darüber spricht, daß wir Menschen sündig sind. Das ganze Alte Testament ist voll von Geschichten, in denen erzählt wird: Die Versuchung wurde übermächtig, und der Mensch erlag ihr. Gar keine Versuche werden gemacht zu beschönigen, aber auch nicht – und das scheint mir fast noch bemerkenswerter – zu dramatisieren. Wir Menschen sollen uns wehren gegen die Verlockung zum Bösen, die an unserer Tür lauert, aber daß wir ihr hin und wieder dennoch erliegen – das ist nun einmal so. Und Gott zieht zur Rechenschaft, er straft, aber er verdammt nicht. Jede dieser unendlich vielen Sündengeschichten nimmt ein gutes Ende. Schon am Anfang folgt auf die Sünde Adams und Evas Gottes Verzeihung: Als die beiden erkennen, wie nackt, wie armselig, wie ausgeliefert sie nun sind, schenkt er ihnen Kleider als stilles, aber eindeutiges Zeichen der Vergebung, und er gibt ihnen die Verheißung mit auf den Weg, daß aus ihrer Nachkommenschaft einmal jener geboren werden wird, durch den der Lauf der Welt eine Wendung zum Heil nimmt – der Messsias wird kommen. Kain bekommt ein Zeichen auf die Stirn, damit niemand sich an ihm vergreift, Noah darf nach der Sintflut erleben, daß Gott mit dem Regenbogen am Himmel verheißt, nie mehr die Menschheit ausrotten zu wollen, und auf den Turmbau zu Babel folgt die Berufung Abrahams: Gott geht auf einen Menschen zu, verspricht ihm seine Nähe von Geschlecht zu Geschlecht. Und in der Geschichte der Abrahamssöhne bleibt es so: Immer wieder werden sie dem Herrn untreu, immer wieder werden sie dafür bestraft, aber immer wieder fängt Gott mit ihnen neu an. Auch König David erlebt es so: Er verliert zwar das erste Kind, das aus seinem Ehebruch mit Bathseba geboren wurde, aber nach seinem Schuldbekenntnis kommt ein zweites Kind zur Welt, und gerade dieses erbt den Thron, wird der hochberühmte König Salomo. Gott läßt durch die Propheten Israel wissen, daß er sich niemals für immer von ihm abwenden wird. Mag auch das Volk untreu werden, Gott bleibt treu. Seine Liebe reicht weiter als alle menschliche Untreue.

Es scheint fast so, als habe Gott eine besondere Zuneigung zum sündigen Menschen. Als habe er Mitleid mit unserer Schwachheit, als werde sein Herz durch sie mehr gerührt, als wenn ein Mensch versuchte, in Untadeligkeit vor ihm zu bestehen. Als ginge es ihm fast so wie uns Menschen: Wann lieben Eltern ihr Kind wohl mehr, als wenn es schwach ist, hilflos, in sich selbst verloren? Auch in uns steckt ja der Wunsch, uns dem zuzuwenden, was Sorge braucht, was unsicher und unausgereift ist. Wir erleben es, daß wir, die Erwachsenen, gerührt sind durch die Hilflosigkeit eines Neugeborenen; mit einer Geduld, die wir sonst nur schwer aufbringen,

wenden wir uns den ersten, unsicheren Schritten unserer Kleinen zu. Ob wir da etwas widerspiegeln von jener Liebe Gottes, die sich gerade den Schwachen, den Sündern zuwendet?
Und so war es auch, als Jesus eingeladen wurde in das Haus eines Pharisäers, eines Mannes also, der sicher bemüht war, sein Leben nach Gottes Gebot auszurichten. Es kommt jene Frau, von der alle wissen, daß sie eine Dirne ist, und sie überschüttet Jesus mit ihrer Liebe. Der Gastgeber ist peinlich berührt, aber Jesus wendet sich dieser Frau mit Aufmerksamkeit zu. Er nimmt, was sie ihm entgegenbringt, er duldet auch ihren Überschwang. Es scheint ihm zu Herzen zu gehen, was diese Frau tut: ihr hilfloser und dennoch so überzeugender Versuch, die Wende in ihrem Leben deutlich zu machen. Es mag vieles in ihrem Leben falsch gewesen sein, sündhaft, aber darum hat sich auch vieles in ihrem Leben gewandelt, ist vieles neu geworden. Und an diesem Neuwerden hängt ihr Herz, sie muß es auch nach außen zeigen, es drängt sie dazu, so sehr, daß sie auch all ihren inneren Widerstand beiseite schiebt, um Jesus in der Öffentlichkeit zu salben. Wenn Liebe blind macht, dann hat ihre Liebe sie blind gemacht für die abweisenden Gesichter der anderen Gäste, und taub zugleich für ihre abfälligen Bemerkungen. Sie hat nur noch Jesus im Sinn, der in seiner Verkündigung es deutlich gemacht hat: Gott hat ein Herz für Sünder.
Ich denke, daß wir für uns aus diesem Bericht des Evangeliums mancherlei heraushören können; vielleicht gehört er zu jenen, die uns ganz besonders zu denken geben. Heraushören könnten wir: All unser Streben nach Vollkommenheit ist so wichtig auch wieder nicht. Gott weiß, woraus er uns gemacht hat; und wie wir gemacht sind, so muß er uns auch nehmen, und so will er uns auch nehmen. Er hat uns sein Gebot gegeben, und wir sollten wahrhaftig versuchen, uns daran zu halten. Aber daß wir nicht vollkommen sind, weiß er nur zu gut, und sein Herz ist größer als alle Schuld, wie es im ersten Johannesbrief heißt. Sein Erbarmen langt in alle Abgründe hinein, in die wir Menschen fallen können, und seine Verzeihungsbereitschaft reicht weiter als die von uns Menschen. Er zieht keine Grenzen zwischen Gerechten und Sündern; er weiß, daß wir alle miteinander auf ein mildes Urteil angewiesen sind.
Eine befreiende Botschaft ist es, eine, die uns aufatmen lassen soll-

te, und es wäre gut, wenn inmitten der christlichen Gemeinden etwas zu spüren wäre von dieser Erlösung als Befreiung.
Aber zugleich scheint es mir eine Botschaft zu sein, die uns mahnt zu bedenken, wie wir miteinander umgehen. Denn es dürfte doch unter uns nicht so sein wie in jenem Gleichnis, das Jesus in einem ähnlichen Zusammenhang erzählt: Da ist einem ungetreuen Verwalter eine riesige Schuldensumme erlassen worden, die zurückzuzahlen er sein Leben lang nicht imstande gewesen wäre. Aber gleich darauf verlangt derselbe Verwalter mit äußerster Brutalität von einem seiner Schuldner eine geringe Summe zurück, die dieser in Kürze vermutlich wirklich würde zurückzahlen können, und damit verscherzt er die Nachsicht seines Herrn.
Wenn wir davon leben, daß über uns ein mildes Urteil gesprochen wird, dann darf Gott Ähnliches von uns erwarten. Dann darf er erwarten, daß auch wir untereinander nicht auf unserem wirklichen oder nur vermeintlichen guten Recht bestehen, daß wir nicht hartherzig sind, nicht einer über den anderen den Stab brechen. Er darf erwarten, daß die Gemeinde der Glaubenden nicht von der Vollkommenheit ihrer Glieder, sondern von deren Versöhnungsbereitschaft und Geduld lebt. Wir liefen sonst Gefahr, daß Gott wie in jenem Gleichnis vom ungetreuen Verwalter seine Barmherzigkeit rückgängig macht wegen unserer Hartherzigkeit. „Vergib uns unsere Schuld, wie auch wir vergeben unseren Schuldigern“, beten wir, und wir stellen damit einen Zusammenhang her zwischen Gottes Barmherzigkeit und unserer eigenen.
Ich denke, wir alle, jeder einzelne wie auch die christlichen Gemeinden als ganze, wären gut beraten, dieses Evangelium oft zu lesen und zu bedenken. Es sollte uns vor all unserer Überheblichkeit bewahren, mit der wir immer wieder das Urteil aussprechen. Es sollte uns das Wort im Halse stecken bleiben, wenn wir beginnen, über andere herzuziehen, über Menschen, die anders leben als wir. All unsere weißen Westen und Handschuhe dürfen wir getrost vergessen. Gott sagt nein zum Selbstgerechten. Aber er nimmt jeden voll Liebe an die Hand, der ihn sucht, auch wenn seine Schritte stolpernd und zögernd sind. Wer auch immer mit ihm gebrochen hat – er kann zu ihm zurück, denn nichts ist unheilbar vor ihm, und unwiderruflich ist allein seine Liebe.

Ich werde euch heimführen

So spricht der Herr, der Gott Israels, zu allen Verbannten,
die vertrieben sind von Jerusalem nach Babel:
Bauet Häuser und wohnet darin, pflanzt Gärten und eßt ihre Frucht!
Nehmt Frauen, zeugt Söhne und Töchter!
Nehmt Frauen für euere Söhne, euere Töchter gebt Männern,
daß sie Söhne und Töchter gebären, denn ihr sollt euch mehren, nicht mindern.
Suchet das Wohl der Stadt, in die ich euch führte, und bittet den Herrn für sie,
denn wenn es ihr wohl geht, geht es auch euch wohl.
Wenn siebzig Jahre voll sind für Babel, will ich mich eurer annehmen
und mein Versprechen erfüllen: Ich werde euch heimführen.
Denn ich weiß wohl, was für Gedanken ich über euch habe,
Gedanken des Friedens und nicht des Leides,
und ich will euch die Zukunft geben, die ihr erhofft. (Jer 29,4–7.10f)

Die Zeit der Gefangenschaft in Babylon war eine Blütezeit der Prophetie in Israel. Im Namen des Herrn wird dem Volk, dem alle Hoffnung erloschen, alle Zukunft abgeschnitten schien, Trost und Hoffnung zugesprochen. Israel soll begreifen, daß der Herr, auch wenn er straft, seine Hand nicht wegzieht von dem Volk, das er einmal und für immer erwählt hat.
Aber es ist nicht nur die Rede von Trost und von Ermutigung. Der Prophet Jeremia bekommt den Auftrag, Hoffnung zu verbinden mit Ernüchterung. Er muß dem Volk in der Verbannung, das bald stirbt vor Heimweh nach Jerusalem, ausrichten: Baut Häuser und wohnt darin, nehmt Frauen, zeugt Kinder, denn es wird noch lange dauern. Diesem Volk, das da weinend saß an den Flüssen Babylons, da seine Gedanken nach Zion gingen, wird die Aussicht verbaut, sie könnten dort sitzen bleiben, bis der Herr sie wieder heimführt. Dabei täte es so gut, wenn man schon traurig ist, daß man wenigstens die Trauer auskosten dürfte! Aber genau das soll Israel im Exil nicht. Es soll nicht träumen von der Heimkehr, sondern die Hände regen, weiterleben, ja sogar für das Wohl Babels beten und

arbeiten, denn wenn es Babel gut geht, dann wird etwas von dem Wohlergehen auch den Verbannten zugute kommen.
Welch eine Ernüchterung! Vielleicht hat gerade noch ein frommer Beter mit den Worten des 13. Psalms gesprochen: Wie lange noch, Herr, willst du mich ganz vergessen? Wie lange noch verhüllst du dein Antlitz vor mir? Wie lange noch soll in meiner Seele wühlen die Sorge? Wie lange noch darf über mich triumphieren der Feind? Und da kommt die Antwortbotschaft: Wenn siebzig Jahre voll sind für Babel, will ich mich euer annehmen. Und das heißt nichts anderes: Alle Erwachsenen, alle, die die Verbannung bewußt miterlebt haben, werden Jerusalem nicht mehr wiedersehen. Es wird noch lange dauern, sagt der Prophet.
Immer wieder wird in den Psalmen die ungeduldige Frage an Gott gestellt: Wie lange noch, Herr? – und nun gibt Gott durch den Propheten die Antwort: Es wird noch lange dauern. Es ist eine ernüchternde Antwort, die keinen Raum läßt für ein Hoffen auf das große Wunder. Gott wird Israel nicht wunderbar aus dem Exil befreien, in das es sich selber durch seine gottlose Politik gebracht hat. Alle Reue wird nichts daran ändern, daß es die Suppe auslöffeln muß, die es sich selber eingebrockt hat. Israel wird das Exil überhaupt nicht verlassen durch ein Wunder, sondern es wird dableiben und warten müssen, bis eine andere politische Konstellation den Heimweg ermöglicht. Der Prophet macht Mut und sagt: Es wird einen Heimweg geben, die Zeit wird kommen, wir werden nicht untergehen – aber es wird lange dauern. Wir werden tragen müssen, was wir uns aufgebürdet haben. Gott wird Israel nicht auf Adlersflügeln heimholen; es wird anders kommen, sehr viel nüchterner: Israel wird dann heimgehen, wenn Babel einen neuen Herrscher bekommt, dem an Verbannten nichts liegt.
Was Israel im Exil gelernt hat, das hat es an Erfahrung auch uns übermittelt, die wir so viel später und so weit entfernt von den Flüssen Babylons leben. Wir glauben wie Israel an den Herrn, der nicht einfach alle Not und alles Schwere und alle Probleme uns von den Schultern nimmt. Wir glauben an den Herrn, der verzeiht, der Zukunft eröffnet, immer neu, in unendlicher Langmut, der aber dennoch die Folgen unseres Versagens uns nicht einfach nimmt und uns ins Paradies zurückversetzt. Wir Menschen müssen es ler-

nen, daß wir hier und jetzt unter den Bedingungen dieser Erde leben, wir müssen es lernen, erwachsen zu werden. Wir müssen es lernen, daß alles, was wir tun, sei es gut oder böse, Folgen hat, und daß diese Folgen uns bleiben. Sie bleiben uns so, wie Israel im Exil hat bleiben müssen, bis die Heimkehr wieder möglich wurde.

Das ist für uns heute nicht leichter zu lernen als für die Menschen von damals. Denn wir erleben in unserer Zeit auch auf vielerlei Weise, daß wir uns verfahren haben. Wir haben gesündigt, nicht nur im kleinen, ganz persönlichen Bereich, sondern auch im großen, auf Weltebene. Wir haben zugesehen, daß Politik und Weltwirtschaft und was für Interessen auch immer ein Waffenarsenal aufgetürmt haben, mit dem wir das Leben auf Erden nicht nur einmal, sondern gleich dutzendfach und für immer auslöschen können. Wir haben es zugelassen, daß bei uns die Wirtschaft blühte, während es anderswo am Allernotwendigsten fehlte – dieses Allernotwendigste haben wir oft noch auf dem Weltmarkt mit unserem vielen Geld aufgekauft. Wir haben die Welt aufgeteilt in Freunde und Feinde, haben Fronten geschaffen und Gräben aufgeworfen. Wir haben unsere Erde, unser Wasser, unsere Luft vergiftet mit Stoffen, von denen noch immer niemand weiß, wie sie unschädlich zu machen wären. Wir haben, wir haben. . . eine ganz lange Sündenliste, und es sieht nicht danach aus, als käme schon morgen die große Umkehr.

Unser Glaube gestattet uns nicht zu hoffen, Gott würde uns je von all diesem Übel durch ein Wunder erlösen. Wir werden damit leben und die Folgen tragen müssen. Und es wird bei uns wohl länger dauern als siebzig Jahre, bis alles wieder neu anfangen kann. Aber denen, die einsehen, daß sie Verantwortung tragen und mitarbeiten müssen, sagt der Prophet im Namen Gottes: Ich weiß wohl, was für Gedanken ich über euch habe, Gedanken des Friedens und nicht des Leides, und ich will euch die Zukunft geben, die ihr euch erhofft.

Diese Verheißung gilt nicht den Träumern. Sie gilt nicht denen, die den Kopf in den Sand stecken und meinen, es werde schon alles irgendwie gut oder zumindest nicht ganz schlimm enden. Sie gilt vielmehr denen, die mitdenken und zupacken, die versuchen, dem Lauf der Geschichte eine Wende zu geben. Sie gilt denen, die mitten in der Bedrängnis beten und arbeiten und an der Veränderung dessen mitwirken, was sie bedrängt. Sie gilt denen, die wissen, daß niemals ein einzelner an allem Schuld sein kann, und daß darum auch niemals ein einzelner dem Lauf der Dinge Einhalt gebieten kann. Sie gilt denen, die sich deshalb nicht zu schade sind, nur einer von vielen zu sein, die versuchen, anders, besser zu leben. Sie gilt denen, die auch dann sanftmütig sind, wenn es sie etwas kostet, und auch dann barmherzig, wenn der andere diese Barmherzigkeit nicht verdient hat. Sie gilt denen, die nach Gerechtigkeit mehr hungern und dürsten als nach allem anderen: Gerade ihnen schenkt Gott sein Reich.

Christus – für uns gestorben und auferstanden

Ich erinnere euch, Brüder, an das Evangelium, das ich euch verkündet habe. Ihr habt es angenommen und steht fest darin. Durch dieses Evangelium werdet ihr gerettet, wenn ihr es Wort für Wort bewahrt, so wie ich es euch überliefert habe; sonst wärt ihr vergeblich zum Glauben gekommen. Denn ich habe euch vor allem überliefert, was auch ich selbst schon empfangen habe: Christus ist gestorben für unsere Sünden gemäß der Schrift und ist begraben worden. Er ist auferweckt worden gemäß der Schrift und ist dem Petrus erschienen. Dann erschien er den Zwölfen, danach über fünfhundert Brüdern zugleich; die meisten von ihnen sind noch am Leben, nur einige sind entschlafen. Danach erschien er dem Jakobus, dann allen Aposteln. Zuletzt erschien er auch mir, der Fehlgeburt. Aber ob ich es nun bin, der das verkündet, oder die anderen: das ist unsere Botschaft, und das ist euer Glaube geworden. (1 Kor 15,1–8.11)

„Christus ist für unsere Sünden gestorben gemäß der Schrift und ist begraben worden. Er ist auferweckt worden am dritten Tag gemäß der Schrift und ist dem Petrus erschienen." Dies ist, soweit wir wissen, der älteste Satz des ganzen Neuen Testaments. Er stand am Anfang aller Verkündigung, alles andere ist um diesen Satz herum gewachsen. Paulus erzählt, daß er ihn schon vorgefunden hat, als er zum Glauben kam, daß er ihn übernommen und weitergesagt habe wie alle anderen Apostel auch. Das ganze Evangelium, auf dem unser Glaube gründet, ist gewachsen auf dieser Grundverkündigung, daß Christus für uns gestorben und auferstanden ist. Ob einer das glaubt oder nicht – daran entscheidet sich Heil und Unheil, schreibt Paulus den Korinthern. Wenn ihr daran nicht festhaltet, „wäret ihr ja vergeblich zum Glauben gekommen". Doch wer sich daran festhält, der wird gerettet werden.

Wenn dieser eine Satz so wichtig ist für Heil und Unheil, dann sollten wir doppelt aufmerksam fragen, was er eigentlich bedeutet. Also: Was meinen wir, wenn wir sagen, wenn wir bekennen: „Christus ist gestorben für unsere Sünden gemäß der Schrift und ist begraben worden. Er ist auferweckt worden am dritten Tag gemäß der Schrift und ist dem Petrus erschienen"? Was bekennen wir da eigentlich? „Gestorben für unsere Sünden“, gestorben, um uns zu befreien von der Macht der Sünde. Zu allen Zeiten haben Menschen gespürt, daß sie schuldig werden, daß sie zurückbleiben hinter dem, was eigentlich zu erwarten wäre. Sie haben die lähmende Macht der Schuld erfahren, die Angst vor Strafe, vor Rache, vor Verdammnis. Kaum ein Volk, kaum eine Religion, in der die Frage nach dem Freiwerden von Schuld, nach Entsühnung, nach Erlösung keine Rolle spielte. Unter uns heute scheint das auch nicht anders zu sein: Auch bei uns erfahren Menschen die lähmende Macht der Schuld, die Verzweiflung, alles falsch gemacht zu haben. Und wenn dann verkündet wird: Christus ist gestorben für unsere Sünden, dann sagt das nichts anderes als: Christus ist gestorben, damit diese Macht der Sünde, der Angst, der Verzweiflung gebrochen werde. Er ist gestorben, damit wir uns nicht länger abplagen müssen damit, Sünder zu sein, Verurteilte. Und „er ist auferweckt worden“, um auch uns hineinzunehmen in ein neues, freies Leben, ein Leben, in dem Angst und Verdammnis und Verzweiflung keine Rolle mehr spielen, in dem Freiheit herrscht und Freude.

Paulus betont gegenüber den Korinthern, er habe genau wie die übrigen Apostel gerade dies zum springenden Punkt seiner Verkündigung gemacht. Diese Botschaft war für ihn die treibende Kraft, um sich aufzumachen zu seinen Missionsreisen, um in den einmal gegründeten Gemeinden immer neu um den rechten Glauben an den Auferstandenen zu ringen. Nichts anderes hat er im Sinn gehabt, als den Menschen diese Botschaft auszurichten: Ihr seid frei, ihr braucht keine Angst zu haben vor Mächten und Gewalten der Finsternis, auch nicht vor den Abgründen des eigenen Herzens. Christus ist für euch gestorben und auferstanden – fürchtet euch nicht!

Und darum muß auch bei uns heute diese Botschaft deutlich und für alle erkennbar im Mittelpunkt jeder Verkündigung stehen. Der Verkündiger darf nicht ständig über alles mögliche andere reden, so daß sie in den Hintergrund gedrängt würde. Er darf sie nicht verniedlichen, sozusagen in kleine Münzen gewechselt unter die Leute bringen. Er muß sie mit dem nötigen Ernst weitersagen, nicht leichtfertig in einem Nebensatz unterbringen. Er muß unterscheiden zwischen seinen persönlichen Vorlieben und diesem Kern des Evangeliums, zur Not auch unterscheiden zwischen dem, was man von ihm vielleicht hören möchte und diesem Kern des Evangeliums. Es ist ihm aufgetragen, getreulich auszulegen; er selber tritt ein Stück dahinter zurück. Darum schließt auch Paulus: Aber ob ich es nun bin, der das verkündet, oder andere – das ist unsere Botschaft und das ist euer Glaube geworden. Ob es nun Petrus war, der euch zum Glauben bekehrt hat, oder Paulus oder Apollos oder wer von den Aposteln auch immer – alle haben die gleiche Botschaft weitergesagt, und so ist der Glaube geweckt und am Leben gehalten worden.

Vielleicht ist dieser Text geeignet, uns anzuregen, daß wir uns selber immer wieder Rechenschaft geben über das, worauf eigentlich unser Glaube ruht, was sein Herzstück ist, seine innerste Mitte, sein Grundstein. Für den, der verkündet, ist es die Frage, ob er wirklich getreulich diese Botschaft weitersagt. Für den, der erzieht, die Frage, was er eigentlich seinen Kindern als Evangelium weitergibt. Für den, der im kleinen oder größeren Kreis über den Glauben spricht, was er in die Mitte der allgemeinen Aufmerksamkeit stellt. Da ist dann zu hoffen, daß wir nicht durch unsere eigenen Schwächen diesen Kern des Evangeliums auflösen oder durch persönliche Vorlieben von ihm ablenken. Es ist zu hoffen, daß stets das Evangelium deutlich wird und bleibt: daß Christus für uns gestorben und auferstanden ist, damit wir frei würden von der Angst und ein neues Leben führen können. Ein Leben, in dem die Angst vergeht und Platz macht für jene Freiheit und Freude, die den Kindern Gottes verheißen ist. So wie am Anfang auf den Feldern Betlehems den Hirten verkündet wurde: „Fürchtet euch nicht, denn seht, ich verkündige euch große Freude!" – so sagt auch die Botschaft von Jesu Tod und Auferstehung nichts anderes: Faßt Mut, fürchtet euch nicht! Und wer verkündet, der muß dies getreulich weitersagen. Natürlich tut es jeder mit seinen eigenen Worten, so wie auch Petrus anders gepredigt hat als Paulus und Apollos wieder anders und – so weit wir wissen – jeder Apostel seinen eigenen Stil entwickelt hat. Auch heute ist es nicht nötig, ja nicht einmal wünschenswert, daß einer genauso die Worte wählt wie der andere. Eintönigkeit und Einförmigkeit haben in der christlichen

Gemeinde wahrhaftig nichts verloren. Aber die Botschaft, sie soll getreulich weitergesagt werden, damit jeder, der zum Glauben kommt, weiß, woran er sein Herz hängen kann:
Ich möchte, daß ihr euch im klaren seid, meine Brüder,
über die Botschaft, die ich bei euch verkündet habe,
die ihr angenommen habt und durch die ihr auch zum Heil gelangen werdet,
wenn ihr an dem festhaltet, was ich euch überliefert habe –
denn sonst wäret ihr ja vergeblich zum Glauben gekommen.
Es ist die Botschaft, die ich einst selber empfangen habe:
Christus ist für unsere Sünden gestorben gemäß der Schrift und wurde begraben.
Er ist auferweckt worden am dritten Tag gemäß der Schrift
und ist dem Petrus erschienen.

Hineingenommen in Jesu Tod und Auferstehung

Wißt ihr nicht, daß wir alle, die wir auf Christus Jesus getauft wurden, auf seinen Tod getauft worden sind? Wir wurden mit ihm begraben durch die Taufe auf seinen Tod; und wie Christus durch die Herrlichkeit des Vaters von den Toten auferweckt wurde, so sollen auch wir als neue Menschen leben. Wenn wir nämlich hineingenommen sind in seinen Tod, ihm ähnlich geworden, so werden wir auch hineingenommen werden in seine Auferstehung. (Röm 6,3–5)

Ein gehöriges Stück Theologie mutet hier der Apostel Paulus seinen Lesern und Zuhörern zu: Es geht um Tod und Auferweckung, und das Ganze soll erklären, was Paulus über die Taufe predigen will. War denn die Gemeinde von Rom, an die er schrieb, eine Gemeinde von Theologen und Theologiestudenten? Was sollen all die schwierigen Gedankengänge, die er vorlegt? Wir könnten getrost vergessen, was Paulus einst zu erklären versuchte, ließen sich seine Überlegungen nicht in unser alltägliches Leben als Christen heute hineinübersetzen. Aber zum Glück läßt sich übertragen, was Paulus in einer so schwierigen Sprache mühsam in Worte kleidete; er war eben Theologe, er konnte wohl nicht anders erklären. Aber was er sagen wollte, läßt sich weitersagen bis auf den heutigen Tag.

Paulus schreibt: Wir Christen sind durch unsere Taufe hineingenommen in Jesu Tod, ihm ähnlich geworden. Unsere Taufe, eigentlich ein dreimaliges Untertauchen im Wasser, meint: Wir sterben. Wir sterben, aber nicht einfach ins Leere hinein, sondern wir sterben, so wie Christus gestorben ist. In unserem Tod in der Taufe stirbt all unsere sklavenhafte Verkettung an das Böse. Wer getauft ist, „muß“ nicht mehr sündigen, verfällt der Schuld nicht mehr mit einer Notwendigkeit, die ans Tragische grenzt. Er bekommt die Freiheit wieder, sich gegen die Sünde zu entscheiden; die Sünde hat keine letzte Macht mehr über ihn, sie beherrscht ihn nicht mehr so, daß einer auch dann noch sündigen müßte, wenn er es gar nicht will.

Und so wie wir in Christi Tod hineingenommen sind, so werden wir auch einmal hineingenommen sein in Christi Auferstehung. Es wird ein neues Leben anfangen, ein anderes, freies Leben, ein Leben für Gott, mit Gott, bei Gott. Paulus unterscheidet genau: Er schreibt an Christen, und darum spricht er von der Taufe, von dem Tod für die Sünde, in der Vergangenheit. Aber dieses neue Leben in Freiheit, davon spricht er in der Zukunft. So wie wir gestorben sind – so werden wir leben. Der Tod ist Vergangenheit, die Auferstehung Zukunft.

Und was ist jetzt? So mögen Pauli Zuhörer damals gefragt haben und so fragen auch wir. Die Gegenwart, das ist doch das eigentlich Wichtige: Wir leben doch im Jetzt! Wir leben, sagt Paulus, in einem eigenartigen Zwischenzustand. Der Tod ist vergangen, aber das neue Leben hat noch nicht begonnen. Wir stehen gleichsam auf der Schwelle, auf der Grenze. Und darum stimmt es auch, daß wir mit unserem Leben als Christen stets solch widersprüchliche Erfahrungen machen. Es stimmt, daß wir nie ganz genau wissen, wo wir eigentlich stehen.

Es stimmt, daß wir Abstand gewonnen haben von der Sünde. Es stimmt, daß wir durch die Verkündigung des Evangeliums neue Maßstäbe gewonnen haben, die wir nicht einfach vergessen können, die unser Gewissen prägen und oft genug auch unser Handeln. Es stimmt, daß uns die Augen aufgegangen sind und wir nicht mehr wie Blinde durch die Welt gehen. Es stimmt, daß wir ein neues Herz bekommen haben, eines aus Fleisch statt eines aus Stein. Woher kämen sonst all die bewundernswürdigen Heiligen vom ersten Tag der Christenheit an bis heute, bis hin zu Mutter Teresa, die in den Straßen von Kalkutta die Sterbenden aufsammelt, und jetzt, nachdem sie den Friedensnobelpreis erhalten hat, zwar ab und zu auf Vortragsreise geht, aber immer wieder in die Elendsviertel Kalkuttas zurückkehrt als ihrem eigentlichen Platz in dieser Welt? Es stimmt, daß in einer christlichen Welt mehr Platz zu sein scheint als in anderen Welten für die Armen und Kranken, für Behinderte und für alle, die sich nicht selber helfen können.

Aber es stimmt auch, daß dies nicht die ganze Wirklichkeit ist. Das Gegenteil stimmt nämlich auch: daß die Christenheit sehr wohl fähig war zu Ketzerjagden und Heiligen Kriegen, zu Ausbeutung und Gewalttaten jedweder Art. Es stimmt auch, daß die Christen sich schnell zu ihrem eigenen Nutzen mit den Mächtigen verbündet haben gegen die anderen. Woher käme es sonst, daß in unserem christlichen Abendland die Fäden zusammenlaufen für die Schuld an der Unterentwicklung so vieler Völker? Es stimmt, leider, auch, daß Christen beim Waffenhandel kräftig mitmischen, aus der Vernichtung anderer ihr Geschäft machen, sich mit menschenverachtenden Diktaturen zum eigenen Profit zusammentun.

Wir stehen auf der Schwelle, sagt Paulus. Eigentlich müßte es sich von selbst verstehen, daß wir uns ausstrecken nach dem, was vor uns liegt, nach dem neuen Leben. Aber so sind wir nicht. Wir stehen auf der Schwelle, und oft genug machen wir auch einen Schritt zurück. Es wäre schlimm, wenn wir uns da Sand in die Augen streuten. Es wäre schlimm, wenn wir so begeistert von unserem Christsein, von unserem neuen Leben in Christus Jesus wären, daß wir darüber den Blick verlören, wer wir eigentlich sind: schwache, fehlbare Menschen. Es wäre schlimm, wenn wir meinten, schon auferstanden zu sein zu einem neuen Leben, denn dann vergäßen wir, daß wir uns abmühen müssen, jeden Tag, um wenigstens in etwa den Weg zu gehen. Wir wären sonst wie Skifahrer, die ihre eigenen Fähigkeiten über- und die Schwierigkeiten der Abfahrt unterschätzen – das ist die sicherste Methode, um unterwegs schlimm zu scheitern.

Wer weiß, daß er befreit ist, daß die Tür zum neuen Leben offensteht, braucht nicht zu verzweifeln über seine eigene Trägheit, seine Schwäche. Wer weiß, daß die Tür zum alten Leben hinter ihm noch nicht zugeschlagen ist, der wird nicht leichtsinnig und vergißt nicht seine eigene Versuchlichkeit. Und in diesem Zwischenzustand, meint Paulus, ist ein Christ gut aufgehoben: mit der Aussicht auf die Möglichkeiten des neuen Lebens, aber mit Respekt auch vor den Abgründen des eigenen Herzens.

Kein leichter Stand, gewiß, irgendeine Eindeutigkeit wäre praktischer. Aber sie ginge eben an der Wirklichkeit vorbei. Das bleischwere Gewicht der Sünde ist von unseren Füßen abgefallen, aber die Flügel wollen noch nicht so recht tragen. Der Evangelist Mattäus beschreibt diesen Zwischenzustand so: Jesu Kreuz auf sich nehmen und nachfolgen. Dieses Leben auf der Schwelle, bis die Ewigkeit sich öffnet, das ist Nachfolge. Es ist der Versuch, sich wie Jesus das ganze Leben lang getreulich unter den Willen Gottes zu stellen, auch, wenn es uns etwas kostet, den Erfolg etwa, die Beliebtheit, die sichere Zukunft, vielleicht sogar das Leben. Aber wer diese Nachfolge auf sich nimmt, hinter dem wird sich einmal die Tür schließen. Er erhält den Lohn, der ihm bei der Taufe versprochen war: das Leben in Gottes neuer Welt.

Die Stunde ist da, vom Schlafe aufzustehen!

Bedenkt die Zeit: Die Stunde ist gekommen, vom Schlaf aufzustehen. Denn jetzt ist das Heil uns näher als zu der Zeit, da wir gläubig wurden. Die Nacht ist vorgerückt, der Tag ist nahe. Darum laßt uns ablegen die Werke der Finsternis und anlegen die Waffen des Lichts. Legt das neue Gewand an, Jesus Christus, den Herrn! (aus Röm 13,11–14)

„Die Stunde ist gekommen, vom Schlaf aufzustehen, denn jetzt ist uns das Heil näher als zu der Zeit, da wir gläubig wurden." Dieser Satz hat gar nichts Trautes und Besinnlich-Anheimelndes an sich. „Die Stunde ist da, vom Schlaf aufzustehen" – die Stunde ist da, an die Arbeit zu gehen. Die Zeit des Träumens, des Sinnierens ist vorbei. Warum gönnt man uns nicht noch ein wenig Dämmerlicht, warum soll der Tag mit all seinen Mühen gerade jetzt anfangen? „Denn jetzt ist das Heil uns näher als zu der Zeit, da wir gläubig wurden." Erinnern wir uns an die Erwartung der ersten Christen, der Herr werde bald kommen. „Maranatha" – „Unser Herr, komm!" – so schloß jeder altchristliche Gottesdienst.
Wir können es uns wohl kaum vorstellen, wie sehr die Menschen damals auf den Herrn gewartet haben, wie sehr sie darauf gewartet haben, daß nun endlich alles in Erfüllung gehen soll, was vom Anbruch der messianischen Zeit geweissagt war: daß endlich Friede sein werde, daß die Menschen die Schwerter umschmieden zu Pflugscharen und die Lanzen zu Winzermessern, daß Friede wird zwischen Mensch und Natur, daß kein wildes Tier mehr einem Kind etwas antut und selbst das Meer seine Toten zurückgibt. All diese Verheißungen, die mit Jesu Predigt in den Herzen der Menschen geweckt worden waren, sie waren ja an Ostern noch nicht in Erfüllung gegangen. Und wer zum Glauben kam, wer sich auf den Namen Jesu taufen ließ, dem waren all diese Verheißungen mit auf den Weg gegeben, ihre Erfüllung wurde durch die Taufe nur noch sehnsüchtiger erwartet. Und Jesus selbst hatte ja sein endgültiges Kommen in Herrlichkeit als ganz nahe verkündet. So nahe sollte es sein, daß wenigstens einige seiner Zuhörer es noch zu Lebzeiten schauen würden! Und darum kann Paulus mahnen: Es ist

Zeit, vom Schlaf aufzustehen, denn das Heil ist nahe. Jeder Tag bringt uns näher! Und darum darf man keinen Tag mehr verträumen, sondern muß die Zeit nützen, damit man wachend gefunden wird, wenn der Herr kommt.
Vermutlich stehen wir zugleich befremdet und auch wohl etwas neidisch vor diesem Glauben. Befremdet darum, weil bei uns das angespannte Warten auf das Kommen des Messias im Grunde keine Rolle spielt. Wenn wir unseren eigenen Glauben kritisch prüfen, werden die meisten unter uns wohl sagen müssen, daß diese Endzeiterwartung für ihr Leben kaum eine Rolle spielt. Wir bekennen zwar unseren Glauben daran, wie es ja auch im Glaubensbekenntnis steht: „Er sitzt zur Rechten Gottes, des allmächtigen Vaters; von dort wird er kommen, zu richten die Lebenden und die Toten." Gewiß, er wird kommen, aber wann? Doch nicht bald, doch nicht zu meinen Lebzeiten – er wird kommen am Ende der Tage, irgendwann in einer fernen Zukunft, die niemand auch nur erahnen kann, so weit weg, daß es sich gar nicht lohnt, daran zu denken. Befremden mag uns also dieser Glaube an das unmittelbar bevorstehende Kommen des Herrn. Und neidisch machen vielleicht, weil wir sehen, daß dieser Glaube für die ersten Christen eine ungeheure Triebkraft gewesen sein muß, die uns Heutigen fehlt. Es scheint eine Kraft gewesen zu sein, aus der heraus sie gelebt und ihren Glauben in die Tat umgesetzt haben. Eine Kraft, die sie ermutigt, begeistert hat, ihrem Leben Strahlkraft verlieh. Eine Kraft, ohne die es viel mühsamer ist, jeden Tag neu vom Schlafe aufzustehen und die Werke der Finsternis abzulegen, wie der Apostel Paulus mahnt.
Was fangen wir Heutigen dann mit einer solchen Mahnung an? Es mag uns gut tun, uns daran zu erinnern, daß schon sehr bald, schon nach den ersten christlichen Generationen dieser Enthusiasmus zusammenbrach. Wir sind nicht die ersten, die Schwierigkeiten haben mit dem wachsamen Warten auf das Kommen des Herrn. Der Zweite Petrusbrief, die jüngste Schrift im Neuen Testament, muß sich bereits auseinandersetzen mit Spöttern, die da sagen, es sei doch alles beim Alten geblieben – was es denn dann noch mit dem Kommen Jesu auf sich habe? Schon nach wenigen Generationen wurde deutlich, daß das alles doch anders gemeint gewesen

sein müsse. Und es gab schon damals nicht wenige, die daraus schlossen, es sei im Grunde überhaupt nichts zu erwarten. Es gab nicht wenige, die meinten, mit dem Kommen Jesu damals, mit seiner Geburt in Bethlehem, seinem Leben und Sterben und Auferstehen, mit seiner Gegenwart im Geist, in Wort und Sakrament sei doch letztlich alles gegeben, was ein Christ brauche zum Leben wie zum Sterben – nicht viel anders als unser Glaube heute. Schon damals gab es die Versuchung, alle Zukunftserwartung über Bord zu werfen. Doch dagegen tritt der Verfasser des Zweiten Petrusbriefes als Mahner auf; die letzte Mahnung des Neuen Testaments an die Christen damals wie an uns heute lautet: Nur weil alles viel, viel länger dauert, als die ersten Christen in ihrer Begeisterung gemeint haben, darf niemand daraus schließen, daß letztlich überhaupt nichts mehr zu erwarten sei.
Und diese Mahnung gilt auch uns, die wir schon fast zweitausend Jahre warten. Obwohl es so lange dauert, sollen wir weiter wachsam sein. Wir wissen nicht, wie weit die Nacht fortgeschritten ist, wann der Tag herandämmern wird. Diese Wachsamkeit verlangt nichts Geringes von uns – zweitausend Jahre Warten, das ist keine Kleinigkeit. Woher die Kraft dazu nehmen?
Für manch einen mag das Wort des Herrn Kraft genug sein, es immer wieder zu versuchen mit dieser Wachsamkeit. Aber manchmal, denke ich, kann es auch eine Stütze für unsere Wachsamkeit sein, wenn wir unsere Augen weit aufmachen und uns wirklich auf das Leben einlassen. Denn dann erleben wir soviel Leid, soviel Bitteres, soviel Hilflosigkeit, dem Lauf der Dinge eine Wendung zum Guten zu geben, daß wohl wie von selbst in uns die Ahnung wach wird: Da muß noch etwas kommen. So, wie es ist, kann es nicht bleiben. Die Welt ist einfach noch nicht erlöst genug, als daß wir es uns leisten könnten, auf das Kommen des endgültigen Heiles nicht zu warten.
Wer wirklich lebt und nicht alles von sich wegschiebt, der weiß, daß noch etwas kommen muß, das wir nicht machen können. Und der weiß auch, daß wir diesem Kommen entgegenarbeiten müssen, daß wir, wie es beim Propheten Jesaja heißt, „in der Wüste dem Herrn einen Weg bereiten“ sollen, damit er wirklich bald kommen kann. Ja, unser Herr, komm bald!

Nicht Herren eures Glaubens, sondern Mitarbeiter an euerer Freude

Gott bürgt dafür, daß unser euch gegenüber gegebenes Wort nicht Ja und Nein zugleich ist. Denn Gottes Sohn Jesus Christus, der euch durch uns verkündet wurde, ist nicht als Ja und Nein gekommen: Nur das Ja ist in ihm verwirklicht. Er ist das Ja zu allem, was Gott verheißen hat. Darum rufen wir durch ihn zu Gottes Lobpreis das Amen aus. Gott aber, der uns und euch in Christus festigt und uns alle gesalbt hat, er ist es auch, der uns sein Siegel aufgedrückt hat und als ersten Anteil den Geist in unser Herz gegeben hat. Ich rufe Gott zum Zeugen auf meine Seele herab: Nur um euch zu schonen, bin ich noch nicht nach Korinth gekommen. Denn wir wollen uns nicht als Herren eueres Glaubens benehmen, sondern als Mitarbeiter an euerer Freude – denn ihr steht ja fest auf dem Grund des Glaubens. (2 Kor 1,18–24)

„Nicht Herren eueres Glaubens, sondern Mitarbeiter an euerer Freude" – so sieht Paulus selbst seine Aufgabe in Korinth. Er hat die Gemeinde gegründet und in ihren schwierigen Anfängen begleitet. Es hat Mißverständnisse in Fülle gegeben und heftige Streitereien. Und wie es so zu sein pflegt, waren beide Seiten daran nicht ganz unschuldig, jeder hat das Seine dazu beigetragen. In diesem zweiten Korintherbrief werden wir Zeugen davon, wie der Apostel Paulus versucht einzulenken. Er möchte eine dauerhafte Versöhnung zwischen sich und der Gemeinde aufbauen. Darum zählt er noch einmal auf, was doch das gemeinsame Fundament des Glaubens ist: Jesus, in dem Gottes Verheißung die Erfüllung findet, der Geist, der in den Herzen der Gläubigen wohnt und sie auf den rechten Weg lenkt. In diesem Glauben stehen die Korinther fest, das gibt Paulus zu, trotz all der Auseinandersetzungen, die es gegeben hat. Und eben weil sie in diesem Glauben feststehen, brauchen sie niemanden, der sich als Herr über sie aufspielte – was sie brauchen, ist nicht ein Herr über ihren Glauben, sondern ein Mitarbeiter an ihrer Freude.

„Nicht Herr eueres Glaubens" – was das bedeutet, ist wohl nicht schwer zu verstehen. Paulus will nicht auftreten als einer, der allein

wüßte, was nun der rechte Glaube ist. Er will nicht die Gemeinde fest in seiner Hand haben, so daß sie ihn stets fragen müßte, wenn es irgendetwas zu entscheiden gilt; die Korinther sollen ihm nicht sklavisch gehorchen müssen. Mag Paulus auch manchmal in der Vergangenheit auf die Christen dort so gewirkt haben, so hat er nun daraus gelernt und will sich in Zukunft mehr zurückhalten. Er will respektieren, was an christlicher Überzeugung in der Gemeinde selbst sich entwickelt. Hinter diesem Sinneswandel Pauli steht wohl die gleiche Einsicht, die sich im Matthäusevangelium niedergeschlagen hat, wo es heißt: „Ihr sollt euch nicht ‚Meister' nennen lassen, denn einer ist euer Meister, ihr alle aber seid Brüder. Auch ‚Vater' nennt niemanden auf Erden, denn ihr habt nur einen Vater im Himmel. Und laßt euch auch nicht ‚Lehrer' nennen, denn nur einer ist euer Lehrer, Christus selbst. Der Größte unter euch sei euer aller Diener!" (Mt 23,8 – 11)
„Sondern Mitarbeiter an euerer Freude" – so sieht Paulus nach der langen Zeit der Auseinandersetzung mit den Korinthern seine eigene Aufgabe. Sein Mühen und Sorgen soll von nun an dahin gehen, den Christen zu helfen, daß sie ihres Glaubens froh werden. Die Zeit der Auseinandersetzungen und Vorhaltungen ist vorbei, nun kommt erst das Eigentliche: Die Korinther sollen erfahren, daß das Evangelium eine Quelle der Freude ist, eine Botschaft, die die Herzen erleichtert, die Lasten abnimmt, die Ungewißheiten vertreibt und Zuversicht verbreitet.
Nun, der Konflikt zwischen Paulus und den Korinthern ist längst vorbei. Aber trotzdem, meine ich, ist es gut, daß wir aus den Texten des Neuen Testamentes davon wissen. Nicht, um uns darüber zu entrüsten, und auch nicht, um uns dessen zu schämen, so, als hätte es solche Auseinandersetzungen nie geben dürfen. Ich meine, wir könnten daraus eine Menge lernen. Denn diese Haltung, die Paulus am Ende einnimmt: „Ich will nicht Herr eueres Glaubens sein" – sie ist auch unter uns wichtig. Es ist nicht nur so, daß man diesen Satz Pauli den Pfarrern ins Stammbuch schreiben sollte, den Kirchenleitungen ganz allgemein, nein, jeder Christ sollte ihn stets ganz groß vor Augen haben.
Denn es geschieht doch wohl immer wieder: Da haben zwei ein Gespräch über irgendeine Frage des Glaubens begonnen, viel-

leicht nach der Sonntagspredigt, einer Sendung im Fernsehen, nach einem Bericht in der Zeitung oder aus welchem Anlaß auch immer. Da spürt plötzlich einer, daß der andere eine abweichende Meinung in dieser Frage hat, und der Bekehrungseifer erwacht: Ja, aber das muß man doch so sehen... Der Gesprächspartner beginnt sich auf die gleiche Weise mit seinem Ja aber... zu wehren, und was als Glaubensgespräch begann, wird womöglich als Streit enden. Oder die Kinder kommen aus der Schule vom Religionsunterricht und erzählen etwas, das die Eltern glauben korrigieren zu müssen, oder die Heranwachsenden versuchen, den Eltern gegenüber auszusprechen, was sie nach langem Zweifeln und Grübeln im tiefsten Herzen zu glauben beginnen, oder, oder... So viele Situationen gibt es, da ein solches Gespräch schon im Keim erstickt wird mit dem berühmten: Ja, aber..., mit dem ich den Anspruch erhebe, es besser zu wissen, und alle Welt täte gut, auf mich zu hören.

Etwas besser wissen zu wollen, ist wohl eine urmenschliche Versuchung. Und es ist natürlich auch immer wieder einmal so, daß einer es auch tatsächlich besser weiß als der andere. Auch Paulus hat den Korinthern gegenüber nicht etwa völlig unrecht gehabt, und er besteht in einigen Punkten auch darauf, daß sie auf ihn hören sollen. Aber ich glaube schon, daß man bei einigem guten Willen heraushören kann, ob da einer aus Besserwisserei redet oder nicht. Und je mehr wir den anderen spüren lassen, daß wir ihn zunächst einmal ernst nehmen und ihm seine Sicht der Dinge nicht ausreden wollen, sondern Ehrfurcht haben vor seiner Überzeugung, desto eher wird auch eine Atmosphäre entstehen, in der man – ohne zu verletzen – den anderen auch einmal korrigieren kann. „Ich will nicht Herr eueres Glaubens sein", ich will Ehrfurcht haben vor dem Glauben, der in euch lebt – diese Haltung ist seit Paulus unter uns Christen so aktuell wie eh und je.

„Sondern Mitarbeiter an euerer Freude" – das ist vielleicht schon ein bißchen schwieriger zu begreifen. Paulus möchte, daß die Korinther ihres Glaubens froh werden. Sie sollen spüren, daß Gottes Geist in ihnen lebt und wirkt, sollen spüren, wie Gott in ihrer Mitte seine Verheißungen wahrmacht. Er sagt, in Gott gebe es nicht das Ja und Nein zugleich, sondern Gott habe zu allen seinen

Verheißungen sein endgültiges Ja gesagt, so daß Paulus dem nur noch sein „Amen“ hinzuzufügen habe. Bei Gott gibt es eben nicht dieses „Ja, aber“, mit dem wir immer wieder uns selbst und die anderen in Frage stellen. Gott sagt nicht: Ja, ich werde meine Verheißungen erfüllen – aber nur unter dieser oder jener Voraussetzung, sondern Gott sagt: Ja, ich werde meine Verheißungen wahrmachen, auf jeden Fall. Gott sagt nicht: Ja, deine Schuld ist dir vergeben – aber nur, wenn du von jetzt ab untadelig lebst. Er sagt nur: Steh auf, nimm deine Bahre und geh nach Hause. Einen Satz, der mit einem „aber“ beginnt, hängt er nicht mehr daran; nichts ist zu hören, von einem „aber“, das all die Verheißungen wieder in Frage stellte und uns Menschen in unserer alten Not beließe. Gottes Treue uns gegenüber ist ein Ja ohne Aber, ein Wort, auf das man sich in jedem Fall verlassen kann, auch da, wo wir Menschen im Umgang untereinander es nicht mehr zu hoffen wagten.
Vielleicht könnten wir es lernen, dieses „Ja–Aber“ aus unserem Wortschatz zu streichen, diese nur scheinbare Zustimmung, die schon im nächsten Atemzug wieder zurückgenommen wird und im anderen das Gefühl des Unverstandenseins auslöst. Wenn Gott uns gegenüber ohne dieses Wort auskommt, dann würde es sich auch für uns lohnen, den Verzicht darauf zu üben. Und dann würden uns vielleicht auch wieder leichter die anderen Worte über die Zunge kommen, von denen Paulus redet: das Wort Treue zum Beispiel, und alles, was Treue im Gefolge haben kann, die Dankbarkeit, die Freude, die Geduld und schließlich auch die Barmherzigkeit, von der wir alle leben.